Vivendo perigosamente

OSHO

Vivendo perigosamente

A aventura de ser quem você é na grande celebração da vida

Tradução de Lauro Henriques Jr.

Copyright © 2011 OSHO International Foundation. www.osho.com/copyrights.
Copyright da tradução © 2015 Alaúde Editorial Ltda.

Título original: *Living Dangerously – Ordinary Enlightenment for Extraordinary Times*

OSHO é uma marca registrada da Osho International Foundation
(www.osho.com/trademarks), utilizada com permissão/licença.

O material que compõe este livro foi selecionado a partir de transcrições de várias palestras
dadas por Osho. Todas as palestras de Osho foram publicadas na íntegra em forma de livro e
estão disponíveis em gravações originais. As gravações e todos os textos podem ser encontrados
no arquivo on-line do site www.osho.com.

Todos os direitos reservados. Nenhuma parte desta edição pode ser utilizada ou reproduzida –
em qualquer meio ou forma, seja mecânico ou eletrônico –, nem apropriada ou estocada em
sistema de banco de dados sem a expressa autorização da editora.

O texto deste livro foi fixado conforme o acordo ortográfico vigente no Brasil desde
1º de janeiro de 2009.

Preparação: Cacilda Guerra
Revisão: Raquel Nakasone e Ana Luiza Candido
Capa: Amanda Cestaro
Imagem de capa: Coffeee-in/iStock.com
Projeto gráfico: Rodrigo Frazão

1ª edição, 2015 (4 reimpressões) / 2ª edição, 2021
Impresso no Brasil

Dados Internacionais de Catalogação na Publicação (CIP)
(Câmara Brasileira do Livro, SP, Brasil)

Osho, 1931-1990
Vivendo perigosamente : a aventura de ser quem você é / Osho ; tradução de Lauro
Henriques Jr.. -- 2. ed. -- São Paulo : Alaúde Editorial, 2020.

Título original: Living dangerously : ordinary enlightenment for extraordinary times
ISBN 978-65-86049-06-0

1. Espiritualidade 2. Liberdade - Aspectos religiosos 3. Vida espiritual I. Título.

20-42562   CDD-299.93

Índices para catálogo sistemático:
1. Liberdade : Osho : Religiões de natureza universal 299.93
Cibele Maria Dias - Bibliotecária - CRB-8/9427

2021
Alaúde Editorial Ltda.
Avenida Paulista, 1337
Conjunto 11, Bela Vista
São Paulo, SP, 01311-200
Tel.: (11) 3146-9700
www.alaude.com.br
blog.alaude.com.br

*Meu objetivo é acabar com todo o lixo que você acumulou ao
longo dos tempos.
Se eu conseguir remover todo esse lixo de sua mente,
deixando apenas um céu limpo no lugar,
terei cumprido minha missão.
Sem saber, você saberá.
O mistério, o misterioso, a poesia da vida,
a música e a dança… tudo isso estará disponível para você.*

Sumário

Prefácio	9
INTRODUÇÃO **Meditação: a chave mestra**	13
PARTE I **Nenhum mandamento, apenas alguns pedidos**	19
O convite	21
Não deixe sua dúvida morrer	22
Nunca imite	23
Tome cuidado com o conhecimento	24
Ame	26
Viva um momento de cada vez	27
Seja apenas um ser humano autêntico	28
Não lute contra o seu corpo	31
Viva – e procure descobrir o que realmente é a vida	32
Respeite e reverencie a vida	34
Seja criativo	35
Seja simples	36
A regra de ouro para a vida é que não há regras de ouro	37
Viva perigosamente	38
Viva com atenção	46

PARTE 2

Iluminação descomplicada para tempos extraordinários   49

Crenças são coisas emprestadas, a confiança é sua   51
A responsabilidade de ser livre   57
A consciência é a única moral   66
Ser pleno é ser inteiro   79
Do relacionamento para o relacionar-se   97
Fazer o bem, servir a humanidade e outros caminhos
    para o inferno   108
Adormecido e desperto   118

PARTE 3

Propostas para um futuro de ouro   137

A riqueza em todas as suas dimensões   139
A ciência a serviço da vida   150
Educação para a vida   163
O fim das nações   175
O poder da consciência   185

Sobre o tradutor   195

Osho International Meditation Resort   196

Prefácio

A verdadeira revolução tem que nascer do centro do seu próprio ser. Esse é o meu trabalho aqui. Eu quero que cada pessoa limpe completamente o passado de sua mente. Todos os preconceitos, todos os pensamentos – políticos, sociais, religiosos –, tudo isso tem que ser descartado. Quando você for apenas como uma folha de papel em branco, terá atingido o estado de não mente. A não mente é meditação, a não mente é revelação, a não mente é a maior revolução que já aconteceu.

No passado, isso só acontecia com pouquíssimas pessoas... um Buda Gautama aqui, outro ali; milhares de anos tinham que se passar até alguém novamente desabrochar como um Buda. Mas agora não dá mais tempo. Você não pode deixar para amanhã. Não importa o que você queira fazer, tem que fazer agora! Pela primeira vez, o presente tornou-se a coisa mais importante. A cada dia, aproxima-se a hora de você ter que fazer uma escolha: ou você caminha para se tornar um Buda, ou caminha para se tornar um cadáver.

Bom, mas eu acredito que ninguém queira morrer; ainda mais quando levamos em conta que, hoje, toda a vida está em perigo. Algo como uma Terceira Guerra Mundial não pode acontecer – e nós vamos impedir esse tipo de coisa!

Eu não tenho armas nem mísseis nucleares, mas tenho algo muito maior e muito mais eficaz. Não é algo feito para matar, mas, sim, para dar vida a todos aqueles que vivem como se já estivessem mortos; para trazer consciência a todos que se comportam como se fossem sonâmbulos, que saem por aí andando e falando enquanto dormem, sem saber direito o que fazem e por quê.

Quero que as pessoas estejam tão despertas, tão conscientes, que a sua percepção consiga alcançar a parte mais profunda de seu ser e, ao mesmo tempo, o pico mais elevado. É um crescimento vertical, como acontece com uma árvore. Enquanto suas raízes se aprofundam na terra, seus galhos se espalham em direção às estrelas; enquanto suas flores se abrem para o céu, sua seiva se nutre das profundezas da terra. A árvore está sempre em equilíbrio: quanto mais alto ela vai, mais profundamente vão suas raízes. Por exemplo, você nunca conseguiria ver uma árvore como um cedro-do-líbano, de 400 ou 500 anos, erguendo-se majestosamente no céu com raízes pequenas; ela cairia na hora.

A vida precisa do equilíbrio entre a profundidade e a altura. E eu ensino ambas as coisas, simultaneamente. Ao adentrar o seu centro por meio da meditação, você lança suas raízes de forma profunda no cosmos. E, ao desvelar o Buda que se oculta em seu interior, você desvela a sua própria fragrância e a sua graça; você eleva o seu êxtase até um ponto em que, majestosamente, ele pode florescer de encontro ao céu.

Seu êxtase é um movimento em direção às alturas, e sua meditação é um movimento em direção às profundezas. Tão logo tenha os dois, sua vida se tornará uma celebração.

Esse é o meu trabalho: transformar a história triste de sua vida em uma celebração.

• • •

Relaxe em seu próprio ser, independentemente de quem você seja. Não se imponha nenhum ideal. Não enlouqueça a si mesmo; não há necessidade disso. Apenas seja – renuncie a essa necessidade de tornar-se algo. Não estamos indo a lugar nenhum, simplesmente estamos aqui. E este momento é tão bonito, é uma bênção tão grande; não traga nenhum futuro para dentro dele, pois isso iria arruiná-lo. O futuro é venenoso. Apenas relaxe e desfrute. Se eu puder ajudá-lo a relaxar e a desfrutar, minha missão estará cumprida. Se puder ajudá-lo a descartar seus ideais, a abandonar todas as ideias a respeito de como você deveria ou não deveria ser; se eu conseguir tirar todos os mandamentos que lhe foram impostos, terei cumprido minha missão. Quando você está livre de qualquer mandamento, quando vive intuitivamente – de forma natural, espontânea, simples –, acontece uma grande celebração, pois, finalmente, você está em casa.

INTRODUÇÃO

Meditação: a chave mestra

A meditação abre as portas de todos os mistérios, de todos os segredos da existência. A meditação é a chave mestra que abre todas as fechaduras, fazendo com que a existência se transforme num livro aberto para você.

O que é a meditação? É uma técnica que pode ser praticada? É um esforço que você deve fazer? É algo que a mente pode alcançar? Não, a meditação não é nada disso.

A mente pode fazer qualquer coisa, menos meditação – a meditação está muito além da mente, a mente é totalmente inútil ali. A mente nunca poderá penetrar no espaço da meditação; onde termina a mente, aí começa a meditação. Lembre-se bem disso, pois tudo o que fazemos na vida é através da mente, qualquer coisa que conseguimos alcançar, é através da mente. Por conta disso, quando nos voltamos para dentro, continuamos pensando em termos de técnicas, de métodos e de ações, pois temos a ilusão de que a mente é capaz de fazer qualquer coisa. Sim, a mente pode fazer qualquer coisa; exceto meditar. Pois a meditação não é algo que se conquiste – a meditação já está aí, ela é a sua própria natureza. Ela não precisa ser conquistada; ela só precisa ser reconhecida, recordada. Ela está aí, esperando por você – basta voltar-se para dentro, e ela está disponível. Ela sempre esteve aí.

A meditação é a sua natureza intrínseca – ela é você, é o seu próprio ser, não tem nada a ver com as suas ações. Você não pode tê-la, assim como é impossível não tê-la. Ela não é uma coisa que possa ser possuída; muito pelo contrário – ela é você; é o seu próprio ser.

Tão logo você entenda o que é a meditação, tudo ficará bastante claro. Caso contrário, você continuará tateando no escuro. A meditação é um estado de clareza, e não um estado mental. A mente é só confusão. Nunca há clareza na mente, isso é impossível. Os pensamentos são como nuvens sutis a seu redor. Eles vão criando uma névoa em torno de seu ser até o ponto em que, finalmente, a clareza se perde. É preciso acabar com essa névoa. Quando os pensamentos desaparecem, quando não há mais nuvens a seu redor, quando você está simplesmente sendo quem você é... aí, sim, a clareza pode se manifestar. E quando isso acontece, é possível enxergar bem longe, é possível enxergar até os confins da existência – seu olhar se torna penetrante, chegando ao âmago do ser.

A meditação é essa clareza absoluta de visão. É impossível pensar sobre ela. Na verdade, você tem que parar de pensar. Agora, quando digo "parar de pensar", não vá tirando conclusões apressadas, pois isso é apenas o tipo de linguagem que preciso usar para me expressar. Se eu disser "pare de pensar", e você já for logo fazendo um esforço nesse sentido, terá errado o alvo, pois mais uma vez terá reduzido a meditação a uma ação.

"Parar de pensar" significa apenas isto: não faça nada. Sente-se. Deixe que os pensamentos se aquietem por si mesmos. Deixe que a mente repouse por conta própria. Apenas sente-se num local silencioso, sem fazer absolutamente nada. Relaxado, tranquilo, sem nenhum esforço; sem ir a lugar nenhum. É como se você estivesse pegando no sono acordado – embora esteja desperto, todo o seu ser vai relaxando. Você permanece alerta por dentro, mas o seu corpo caminha para um profundo relaxamento.

Os pensamentos se aquietam por si mesmos, você não precisa interferir para tentar silenciá-los. Por exemplo, se a água de um riacho está lamacenta, o que você faz? Você pula dentro da água para ajudá-la a ficar cristalina? Claro que não – isso apenas iria torná-la mais lamacenta. Você simplesmente senta-se na margem e espera. Pois não há nada que você possa fazer; qualquer coisa que fizer deixará a água ainda mais turva. Se alguém cruzar o riacho e as folhas mortas vierem à superfície junto com a lama, tenha paciência. Simplesmente sente-se na margem. Observe com tranquilidade. O riacho continuará fluindo, as folhas serão levadas pela corrente e, aos poucos, a lama irá assentando no fundo, pois não pode flutuar a vida toda. Então, após algum tempo, subitamente você vai perceber que a água está cristalina de novo.

Sempre que um desejo passa por sua mente, as águas ficam turvas. Portanto, apenas sente-se. Não tente fazer nada. No Japão, este "sentar-se sem fazer nada" é chamado de *zazen*. Apenas sente-se, sem fazer nada; e, um dia, a meditação acontecerá. Não é você que a trará; na realidade, é ela que virá até você. E, quando ela vier, você irá reconhecê-la imediatamente. O fato é que ela sempre esteve aí, só que você não estava olhando na direção correta. O tesouro sempre esteve com você, mas você estava ocupado com outras coisas: pensamentos, desejos, mil e uma coisas. Você não estava interessado na única coisa que realmente importa: o seu próprio ser.

Quando sua energia se volta para dentro – aquilo que Buda chama de *parabvrutti*, o retorno da sua energia à fonte –, subitamente a clareza é alcançada. Aí, então, você pode enxergar nuvens a milhares de quilômetros, e pode ouvir a antiga música das árvores. A partir desse momento, tudo fica ao seu alcance.

• • •

Hoje em dia, as pessoas estão tão abarrotadas de conhecimento que a primeira coisa que precisam fazer é se livrar de todo esse fardo. Na verdade, essa é uma necessidade nova, é algo que fala diretamente com o homem contemporâneo. Buda, por exemplo, nunca precisou lidar com algo assim – e é justamente por isso que os métodos budistas não têm utilidade agora. Para que você possa usufruir dos benefícios de qualquer método budista, é imprescindível que, primeiramente, alivie toda essa carga de conhecimento das costas; caso contrário, os métodos ancestrais não servirão para nada. Aliás, esse é um dos desafios que o Ocidente tem que enfrentar hoje. Pois o Oriente virou uma febre no Ocidente, todos os métodos e as técnicas mais ancestrais tornaram-se disponíveis para todos – sim, só que tem um detalhe: as pessoas que os transmitem não têm a menor consciência a respeito da mente moderna. O fato é que esses métodos foram desenvolvidos há mais de 5.000 anos, alguns deles até 10.000 anos atrás. E, naquela época, as pessoas tinham uma mente completamente diferente da mente de hoje, era uma mente mais inocente, infantil. Resultado: esses métodos estavam em perfeita sintonia com esse tipo de mente. Acontece que o ser humano não é mais uma criança, ele cresceu, e as questões que naturalmente acompanham o crescimento estão aí. O homem já não é mais inocente.

Esses métodos foram desenvolvidos antes de Adão ter comido o fruto da árvore do conhecimento. E o homem moderno está empanturrado de maçãs; o tempo todo ele está comendo da árvore do conhecimento. Ele está tão sobrecarregado, tão pesado e enrijecido que, para qualquer método antigo poder funcionar, é preciso que, antes, o homem seja descongelado. Nesse sentido, técnicas contemporâneas como a psicologia humanista, a psicanálise, o psicodrama e a Gestalt são extremamente válidas; de fato, elas são indispensáveis para o homem de hoje. Porém, essas técnicas são incompletas, pois elas preparam o terreno, mas não cultivam o jardim.

Na verdade, as patologias da mente humana estão relacionadas ao próprio impulso que o homem tem de transcender. Quando uma pessoa não consegue transcender os seus aspectos humanos, ela se torna um ser patológico. Todas as doenças psicológicas se manifestam justamente por conta do potencial que o homem tem de superar sua humanidade e ir mais além. Essa energia toda está aí – se você não permitir que ela se manifeste, ela se voltará contra você, ela se tornará algo destrutivo. É por isso que, no fundo, todas as pessoas criativas são perigosas: pois, caso não lhes seja permitido criar, elas se tornarão destrutivas.

O homem é o único animal criativo do planeta – e, justamente por isso, ele é o bicho mais perigoso que existe. Nenhum dos outros animais é tão perigoso quanto o homem, pois nenhum deles é capaz de criar. Eles simplesmente vivem sua vida de forma programada, nunca se desviam da rota. Por exemplo, um cachorro vive como um cachorro e morre como um cachorro. Ele nunca se preocupa em se tornar um Buda, assim como jamais se extravia a ponto de se tornar um Adolf Hitler. O cachorro apenas segue seu caminho; ele é muito conservador, ortodoxo, burguês. Todos os animais são burgueses, exceto o homem. O ser humano é excêntrico por natureza. Ele quer fazer alguma coisa, quer ir a algum lugar, ele quer ser. Caso não lhe permitam ser uma rosa, ele vai querer ser uma erva daninha – mas vai querer ser alguma coisa. Se não puder se tornar um Buda, ele se tornará um criminoso. Se não puder criar poesia, ele criará pesadelos. Se não puder florescer, ele não permitirá que ninguém mais floresça.

Portanto, esse é o trabalho.

• • •

Desenvolvi minhas próprias técnicas de meditação porque percebi que, atualmente, o homem tem certos problemas que as técnicas antigas não contemplavam. Elas foram criadas milhares de anos atrás, para um tipo completamente distinto de humanidade, para um outro tipo de cultura, um outro tipo de pessoas. O homem contemporâneo é diferente; afinal, passados mais de 10.000 anos, era inevitável que fosse assim.

Por exemplo, as técnicas de meditação ativa* são algo imprescindível para o homem moderno. Quando as pessoas são inocentes, como era no passado, a meditação ativa é desnecessária. Agora, quando as pessoas são reprimidas psicologicamente, quando carregam muito peso e lixo mental, elas precisam de um trabalho de catarse, de purificação. Nesse sentido, a meditação ativa serve só para ajudá-las a limpar o terreno. Feito isso, elas poderão usar qualquer método de meditação com facilidade. Porém, se tentarem outros métodos sem ter feito essa catarse antes, vão falhar. Já vi inúmeras pessoas fazerem dessa forma e não chegarem a lugar algum. O caso é que elas estavam tão cheias de lixo que, antes de qualquer coisa, precisariam ter se esvaziado de toda essa sujeira.

Assim, a meditação ativa oferece uma ajuda imensa. Todas as técnicas que desenvolvi são para o homem de hoje – ao praticá-las, ele ficará limpo, leve, simples, inocente. Em suma, primeiramente deve-se fazer um trabalho de catarse, isso é absolutamente necessário. Aí, então, os métodos silenciosos poderão ser usados.

---

* Osho desenvolveu várias técnicas de meditação ativa, que tem a catarse como fundamento básico. Muitas delas envolvem um período de vigorosa atividade física e catarse, seguido por um período de silêncio e auto-observação. Outra característica das meditações ativas é o uso de algum tipo de música para conduzir a pessoa através dos vários estágios da meditação. Para conhecer mais sobre as meditações ativas de Osho, acesse www.osho.com/pt/meditate. (N. do T.)

PARTE I

Nenhum mandamento, apenas alguns pedidos

Todo o meu ensinamento é orientado em direção à totalidade. Eu digo "seja inteiro", e não "seja perfeito". E a diferença é gigantesca. Quando digo "seja inteiro", significa que aceito as suas contradições, aceito que você seja inteiramente contraditório. Quando digo "seja inteiro", não estou lhe dando uma meta, um critério ou um ideal; não quero criar nenhuma ansiedade em você. Simplesmente quero que, onde quer que você esteja nesse momento, seja você quem for e o que estiver fazendo, que o faça com inteireza. Se está triste, fique realmente triste; se está bravo, fique realmente bravo – isso é ser inteiro. Mergulhe de forma total no que estiver vivendo.

A ideia de perfeição é diferente; na verdade, mais que diferente, é algo diametralmente oposto. Os perfeccionistas dirão: "Nunca fique bravo; sempre tenha compaixão. Nunca fique triste; seja sempre feliz". Eles escolhem uma polaridade em detrimento da outra. Já no estado de totalidade, nós aceitamos as duas polaridades: os altos e baixos, as subidas e descidas.

Totalidade é plenitude.

O convite

Não posso lhe dar nenhum mandamento. Isso seria um insulto para você, seria uma humilhação. Se fizesse isso, eu estaria tirando sua integridade, sua liberdade, sua responsabilidade. Não, eu não posso cometer um crime como esse. O que posso é lhe fazer um pedido, é convidá-lo a compartilhar comigo a minha própria experiência. Posso ser um anfitrião, e você, o meu convidado. Trata-se unicamente de um convite, de lhe dar as boas-vindas – mas nunca de um mandamento.

Afinal, o que eu poderia exigir de você?

Sei que isso pode soar um pouco estranho. Afinal, Moisés, Jesus, Maomé, Krishna, Mahavira*, Buda, nenhum deles lhe pede nada. A única coisa que eles fazem é lhe dar ordens: "Obedeça, ou você irá para o inferno". Eles não lhe dão chance nem para pensar. Reduzem a sua existência e o seu próprio ser a um mero objeto. Eles não respeitam a sua individualidade. É por isso que vejo algo de irreligioso neles. Imagine só, todos eles são especiais, são pessoas que viram Deus com os próprios olhos... Agora, de que forma você pode se igualar a alguém assim? Que autoridade você tem para questioná-lo? Ele viu Deus em pessoa, falou com Ele. Essa pessoa trouxe a mensagem de Deus para você; ela é a mensageira de Deus. Quando alguém é o filho único de Deus, que alternativa você tem? Nenhuma; você nunca poderia se igualar a Jesus. Tudo o que você pode fazer é obedecer, imitar, tornar-se um

---

* Mestre espiritual indiano que viveu por volta do século VI a.C., Mahavira é reverenciado como um ser iluminado na tradição jainista. (N. do T.)

escravo psicológico, e essa é a forma de escravidão mais perigosa que existe.

A escravidão econômica não é nada se comparada à escravidão psicológica. E todas essas pessoas que promulgaram mandamentos e disciplinas, que lhe dizem como viver, o que comer, o que vestir, o que você deve ou não deve fazer – todas essas pessoas, de alguma forma, estão tentando transformá-lo num escravo psicológico. Da minha parte, eu nunca poderia chamar esse tipo de gente de religiosa.

Para mim, a religião começa com a liberdade psicológica.

Não posso lhe dar mandamentos – mas posso, sim, lhe pedir algumas coisas. Como ninguém fez isso antes, pode parecer um pouco esquisito... Mas o que se há de fazer? Simplesmente isto: vou lhe fazer alguns pedidos.

Não deixe sua dúvida morrer

Ela é a coisa mais valiosa que você tem, pois é justamente a dúvida que, um dia, irá ajudá-lo a descobrir a verdade. Todas essas pessoas de que falamos antes dizem: "Creia!" O primeiro objetivo delas é destruir a sua dúvida. Comece com fé, pois, se não tiver fé, a cada passo você irá questionar alguma coisa. Por isso, este é o meu primeiro pedido a você: duvide até que descubra por si mesmo. Só creia quando tiver descoberto por conta própria. Se você crê, nunca será capaz de chegar ao conhecimento por si mesmo. A crença é um veneno; ela é o veneno mais perigoso que existe, pois ela mata a sua dúvida. Ela mata a sua curiosidade; ela rouba a sua ferramenta mais valiosa.

Seja o que for que a ciência tenha realizado nos últimos trezentos anos, foi graças à dúvida. Já a religião, se não conseguiu realizar nada em mais de 10.000 anos, foi por causa da fé. Qualquer pessoa que tenha olhos pode ver os avanços incríveis obtidos pela ciência nos últimos trezentos anos, e isso apesar de todos os obstáculos criados pelos religiosos. E qual tem sido a força mais fundamental da ciência? A dúvida. Duvide, e siga duvidando até atingir um ponto em que já não possa mais duvidar. Só quando você compreende algo por conta própria é que pode deixar de duvidar. Aí, então, não é mais uma questão de dúvida, pois não há do que duvidar.

Nunca imite

A mente adora imitar, pois imitar é muito fácil. Agora, *ser* alguém é muito mais difícil. *Tornar-se* alguém é facílimo – basta ser um hipócrita, o que nem é muito complicado. Lá dentro você permanece o mesmo, mas na superfície você segue se maquiando de acordo com determinada imagem. Por exemplo, o cristão está sempre tentando ser como Cristo – é isso o que a palavra "cristão" significa; ele adoraria ser como Cristo, e caminha nessa direção; mesmo que ainda esteja muito distante, vai seguindo devagar. Um cristão é alguém que tenta ser como Cristo; um muçulmano é alguém que tenta ser como Maomé; e por aí vai. Acontece que, infelizmente, isso não é possível; nada disso faz parte da natureza do universo. O universo só cria seres únicos. A existência não tem a menor ideia de como fazer réplicas, cópias de papel-carbono ou de xerox – ela só sabe fazer seres originais. E cada indivíduo é tão original e único que, se tentar ser como Cristo, na verdade estará cometendo suicídio. Se tentar ser como Buda, estará cometendo suicídio.

Assim, o segundo pedido é: não imite. Se você realmente quer saber quem você é, por favor, evite imitações; pois imitar é apenas uma forma de evitar conhecer a si mesmo.

Você não pode mudar as leis do universo. Você pode apenas ser quem você é, e nada mais. E é maravilhoso ser quem se é. Tudo aquilo que é original irradia beleza, frescor, perfume, vitalidade.

Toda forma de imitação é algo morto, apagado, falso, plastificado. Você pode até fingir, mas quem você acha que está enganando? Exceto a si mesmo, não engana ninguém. E qual é o sentido de toda essa enganação? O que você acha que vai ganhar com isso?

Ainda hoje, há milhares de pessoas que vivem de acordo com os preceitos de Buda. É bem possível que esses preceitos tenham sido bons para Buda, que ele tenha feito um bom uso deles; não tenho nada contra o Buda Gautama. Mas ele não estava imitando ninguém! E é isso que você não vê. Você acha que Cristo imitava alguém? Se você tiver só um pouquinho de inteligência, o mínimo que seja, já basta para entender esse fato tão simples; não precisa ser nenhum gênio. Quem Cristo imitou? Quem Buda imitou? Quem Lao-Tsé imitou? Ninguém! E é por isso que eles floresceram. Mas você está só imitando.

A primeira coisa que você deve saber é que uma das bases de uma vida religiosa é justamente não imitar. Não seja um cristão, não seja um muçulmano, não seja um hindu – só assim você vai descobrir quem você é. O problema é que, muito antes de descobrir a si mesmo, você acaba se cobrindo com todo tipo de rótulos e, ao ler esses rótulos, pensa que é isso o que você é – um muçulmano, um cristão, um judeu. Mas isso são apenas rótulos, etiquetas coladas por você mesmo, por seus pais ou por todas as pessoas bem-intencionadas que o cercam. Preste atenção, todos elas são suas inimigas. Quem quer que tente desviá-lo de seu próprio ser é seu inimigo. Esta é a minha definição de inimigo. Por outro lado, quem quer que o ajude a ser quem você é – com firmeza, custe o que custar, sejam quais forem as consequências –, ele é seu amigo.

Tome cuidado com o conhecimento

Erudição é algo muito fácil de se conseguir. Os textos sagrados estão aí, as bibliotecas estão aí, as universidades estão aí; é muito fácil tornar-se uma pessoa erudita. Acontece que, ao acumular conhecimento, você acaba se colocando numa situação bastante delicada, pois o ego logo vai acreditar que se trata do *seu* conhecimento – aliás, não apenas de conhecimento, mas que se trata de sua sabedoria. O ego vai querer transformar aquilo que é mero conhecimento em sabedoria. E logo você começará a acreditar que já sabe.

Mas você não sabe nada. Você sabe apenas aquilo que leu nos livros. E é bem provável que esses livros tenham sido escritos por pessoas iguaizinhas a você. Na verdade, 99 por cento dos livros são escritos por pessoas cujo conhecimento provém unicamente dos livros, e não da experiência. Resultado: se você ler dez livros, sua mente ficará tão cheia de bobagens que será preciso que você escreva um novo livro só para conseguir se livrar delas. Afinal, o que você faria com isso? Você tem que encontrar alguma forma de se desfazer de toda essa tralha.

Fui professor em duas universidades, e pude observar centenas de outros professores universitários. É o tipo de gente mais esnobe que existe no mundo. O professor enxerga a si mesmo como se fosse parte de uma espécie diferenciada, pois ele *sabe*. E o que ele sabe? Apenas palavras; e palavras não são experiência. Você pode repetir a palavra "amor" um milhão de vezes, amor, amor, amor… e, mesmo assim, não vai experienciar o que é o amor. Você também pode ler inúmeros livros sobre o amor; há milhares de livros assim: romances, poesias, contos, tratados, teses. E qual será o resultado? Você chegará a conhecer tantas coisas sobre o amor que, talvez, se esqueça inteiramente de que você mesmo nunca amou, de que, na realidade, não sabe nada em matéria de amor.

Assim, o meu terceiro pedido é este: tome muito cuidado com o conhecimento. Esteja muito atento para que, sempre que quiser, você possa colocar o seu conhecimento de lado, de modo que ele não bloqueie a sua visão, que não se interponha entre você e a realidade. É preciso que você esteja completamente nu ao lidar com a realidade. Quando há tantos livros se interpondo entre você e a realidade, aquilo que você vê nunca será, de fato, o real – já estará tão distorcido pelos livros que, no momento em que chegar até você, talvez já não tenha a menor conexão com a realidade em si.

Ame

Não lhe direi "reze", pois não há nenhum Deus para o qual rezar. Ao contrário do que dizem todas as religiões, não acredito que a prece irá torná-lo mais religioso; ela só lhe dará uma religiosidade falsa. Assim, a palavra "oração" tem que ser definitivamente descartada. Afinal, se não existe nenhum Deus, ficar falando para um céu vazio é algo ridículo. E o perigo é que você ainda comece a ouvir vozes que lhe chegam do céu; ou seja, um sinal claro de que você ultrapassou o limite da sanidade. Nesse caso, o que você precisará é de tratamento psiquiátrico! Assim, antes de isso acontecer – antes de Deus lhe responder –, por favor, não pergunte nada.

A minha palavra para oração é "amor". Esqueça a palavra "oração" e a substitua por "amor". O amor não é algo reservado a um Deus invisível. O amor é para tudo o que é visível: seres humanos, animais, árvores, oceanos, montanhas. Abra as asas do seu amor por toda parte, o máximo que puder.

E lembre-se: o amor não necessita de nenhum sistema de crenças. As pessoas podem ser ateias, comunistas, materialistas, não importa; todas elas amam. O amor é algo intrínseco à sua natureza; não é algo imposto de fora, como se apenas um cristão ou um hindu fossem capazes de amar – o amor é o seu potencial humano. E preciso que você confie mais no seu potencial humano do que nesses falsos condicionamentos cristãos, judeus, hindus. Nenhum desses condicionamentos é parte da sua natureza, mas o amor, sim; o amor é uma parte intrínseca do seu ser. Ame sem inibições, sem nenhum tabu.

Viva um momento de cada vez

Morra para o passado a cada momento. O passado já foi, está acabado. Não há necessidade nem de rotulá-lo como bom ou ruim. A única coisa que importa é: ele está acabado, já era. E ele nunca mais vai existir... desapareceu para sempre. Assim, por que perder tempo com ele?

Nunca pense sobre o passado, pois, se o fizer, estará desperdiçando o presente, que é a única coisa real que você tem em mãos. E nunca pense sobre o futuro, pois ninguém sabe nada sobre o amanhã, como ele será, onde ele vai dar, onde você estará – é impossível imaginar.

Mesmo assim, isso é algo que acontece dia após dia. Você não faz ideia de quanto tempo perdeu ontem apenas planejando o dia de hoje; e, claro, as coisas nem sequer saíram de acordo com as suas ideias, seus planos, isto e aquilo. E agora você fica preocupado, se perguntando por que desperdiçou todo esse tempo – e, com isso, está desperdiçando tudo de novo!

Permaneça no momento presente, fiel ao momento presente, inteiramente no aqui e no agora, como se não tivesse havido passado e o futuro nunca fosse existir – só assim você poderá estar por inteiro, aqui e agora. Esse estado de conexão com o momento presente é que vai, de fato, conectá-lo com a existência, pois a existência não conhece passado nem futuro – ela acontece sempre aqui e agora.

A existência só conhece um tempo, e esse tempo é o presente. A linguagem é que criou três tempos verbais e, com eles, 3.000 tensões em sua mente. A vida só conhece um tempo: o presente – e no presente não há tensão, ele é completamente relaxante. Quando você está inteiramente aqui, sem nenhum ontem te puxando para trás, e nenhum amanhã te empurrando para a frente, você relaxa.

Para mim, estar no momento presente, por inteiro, é pura meditação. E o presente é algo tão maravilhoso, com tanta fragrância, com tanto frescor. O presente não envelhece. Ele nunca vai a lugar algum.

Somos nós que passamos, as pessoas é que vêm e vão – a existência permanece sempre como é. Não é o tempo que passa, somos nós que passamos. Mas aí vem a grande falácia: em vez de nos darmos conta dessa realidade, de que somos nós que passamos, criamos uma invenção magnífica, o relógio – "o tempo passa".

Pense nisso: se não houvesse nenhum ser humano na Terra, haveria algum tempo passando? O oceano continuaria vindo até a praia, quebrando suas ondas nas pedras. O sol continuaria nascendo, continuaria se pondo, mas não haveria nenhuma manhã ou anoitecer. O tempo, como tal, não existiria. O tempo é uma invenção da mente, e, como tal, ele só pode existir caso exista algum ontem ou algum amanhã; o momento presente não faz parte do tempo.

Quando você simplesmente está aqui, agora, o tempo não existe. Você está respirando, está vivo, está sentindo, está aberto a tudo o que acontece a seu redor.

Seja apenas um ser humano autêntico

Não há hierarquias na existência; ninguém é inferior, ninguém é superior. Cada um é apenas si mesmo. Algumas árvores são altas, outras não. Isso não quer dizer que a árvore mais alta seja superior ou mais importante, nem que a árvore pequena seja inferior ou menos importante. Não, na natureza não há hierarquias. Na árvore pequena existe o potencial para tornar-se aquilo que ela é: uma árvore pequena. E ela consegue atingir todo esse potencial; está alegre, feliz. Ela não fica se comparando com a árvore mais alta. Ao mesmo tempo, a árvore mais alta não fica olhando de cima com desdém, como um presidente ou um primeiro-ministro geralmente olham para as pessoas comuns. A árvore alta simplesmente é uma árvore alta. Ela atingiu seu potencial. As duas árvores fizeram exatamente a mesma coisa; qualquer que tenha

sido o seu potencial, elas conseguiram realizá-lo plenamente...
e essa realização é a suprema felicidade. Aquilo que você realiza
não importa.

A realização do seu potencial é a suprema felicidade.

Assim, lembre-se disso: aceite a sua humanidade com alegria,
como se fosse um presente da existência – e não como se você tivesse sido expulso do Jardim do Éden, como se fosse um castigo
e você tivesse que se arrepender de algo.

Jesus sempre diz: "Arrependei-vos! Arrependei-vos!" Mas arre-
pender-se de quê? Por Adão e Eva terem comido uma maçã? É
disso que temos que nos arrepender? No meu caso, embora hoje
o meu médico me proíba, passei a vida inteira comendo maçãs, ao
menos seis por dia. Elas eram o meu principal alimento. Ou seja,
se existe alguém que cometeu um pecado original, essa pessoa sou
eu! Coitados de Adão e Eva... só uma maçãzinha. E olha que cada
um deve ter comido só uma metade; isso se a serpente também
não comeu o seu pedaço... Bom, mas isso não dá para saber, pois
as pessoas que inventam essas histórias não dão nenhuma dica.
Para elas, um pequeno fragmento da história já é o suficiente.

Acontece que nós ainda estamos no Jardim do Éden. É isso
que eu quero que você entenda. A própria existência é o Jardim
do Éden; não existe nenhum outro Jardim do Paraíso por aí. Nós
já estamos nele. Na verdade, como se poderia expulsar alguém da
própria existência? Repare bem no absurdo dessa ideia. Mesmo
que Deus quisesse, Ele não conseguiria expulsar ninguém da existência. Afinal, para onde Ele mandaria essa pessoa? Para onde
quer que Ele a mandasse, continuaria sendo uma parte da existência, e essa pessoa ainda seria parte da Sua criação. E tudo aquilo
que Deus cria é sagrado – ou Ele também cria coisas que não são
sagradas? Assim, mesmo que Ele o expulsasse, você ainda estaria
caminhando neste solo sagrado, neste sagrado planeta.

Essa história de Adão e Eva não faz o menor sentido. Ela serve
apenas para mantê-lo acorrentado à ideia de que você só conse-

guirá transcender a sua condição humana caso consiga desfazer o que Adão fez. E o que é que ele fez? Ele desobedeceu. Em vez de ouvir Deus, ele ouviu o diabo. Ora, com certeza o diabo foi mais lógico, mais atraente, mais convincente.

O Deus dessa história aparentemente não tem a menor ousadia. Afinal, se o diabo havia conseguido convencer Adão e Eva, Deus poderia muito bem ter tentado argumentar com eles. Teria sido algo muito mais nobre do que simplesmente expulsá-los do Jardim do Éden. Por que Ele ficou tão furioso? Se era para se enfurecer com alguém, deveria ter sido com a serpente, com o diabo, e não com esses pobres inocentes. Porém, na história parece que a serpente ainda vive no Jardim do Éden, pois não se fala mais nada sobre ela. Então, o que aconteceu? A serpente ainda vive lá!

Todas as religiões usam os métodos mais variados para lhe inculcar a ideia de que você nasceu com um pecado original; cada uma à sua maneira, todas tentam convencê-lo disso, que você nasceu em pecado. É por isso que Jesus nasceu de uma virgem, pois nascer de uma relação sexual é nascer em pecado. O sexo é pecado. Agora, eu sempre me pergunto como é que o Espírito Santo conseguiu engravidar a Virgem Maria. Não acho que tenha sido por inseminação artificial. De que forma, então, a pobre mulher ficou grávida? E aí se vê o resultado: os cristãos tiveram que fazer do pobre Jesus um bastardo, simplesmente para mantê-lo distante do pecado do sexo. Todas as pessoas nascem através do sexo, todas nascem em pecado – menos Jesus; ele não nasceu assim. Jesus é especial.

Afinal, por que existem essas histórias absurdas? Simplesmente para fazer de alguém uma pessoa especial, diferente de você. Apenas para humilhá-lo. É realmente lamentável a forma como a humanidade vem sendo insultada por todas as religiões! Já está mais do que na hora de as pessoas dizerem: "Parem com toda essa bobagem! Não existe nenhum super-homem, nunca existiu – somos todos seres humanos. E essas histórias todas são apenas fruto da imaginação, são todas um engodo".

Não lute contra o seu corpo

Todas as religiões têm lhe ensinado a lutar contra a sua própria natureza. Tudo aquilo que é natural é condenado. As religiões dizem que você deve fazer coisas que não são naturais, só assim será capaz de se libertar das cadeias da biologia, da fisiologia, da psicologia, e de todos os muros que o cercam. De acordo com essas crenças, se você estiver em harmonia com seu corpo, sua mente e seu coração, nunca será capaz de ir além de si mesmo. É aí que me oponho a todas as religiões. Elas depositaram uma semente venenosa em seu ser, e o resultado é este: você vive em seu corpo, mas não ama o seu corpo.

O seu corpo trabalha para você durante setenta, oitenta, noventa ou, quem sabe, cem anos; até hoje, a ciência não conseguiu inventar um outro mecanismo tão perfeito como o corpo humano. Toda a complexidade de suas estruturas, todos os milagres que ele faz ininterruptamente para você… e você sequer agradece. Você trata seu corpo como se ele fosse um inimigo, mas seu corpo é seu melhor amigo.

Ele cuida de você de todas as formas possíveis, esteja você acordado ou dormindo. Mesmo durante o sono ele cuida de você.

Enquanto isso, você continua ingerindo todo tipo de coisas sem a menor preocupação com o que acontece depois que as engole. Você não pergunta ao corpo se o seu mecanismo, a sua química corporal, será capaz de digerir o que você come. Apesar disso, de alguma forma, sua química interna consegue funcionar por quase um século. Ela tem um sistema automático para repor as peças danificadas; joga fora as que não prestam, e cria novas no lugar – e você não tem que fazer nada, tudo acontece por conta própria. O corpo tem uma sabedoria própria.

Ele não é seu rival, é seu amigo. É uma dádiva da natureza para você. Ele é uma parte da natureza. Está unido à natureza de todas as formas possíveis. Você não está unido à natureza apenas por meio da respiração; também está unido a ela pelos raios do sol, pelo perfume das flores, pelo brilho da lua. Está unido a ela por todos os lados; você não é uma ilha isolada – acabe com essa ideia. Você é parte de um todo, de um grande continente, e, ao mesmo tempo, ganhou uma individualidade. É isso que eu chamo de um milagre. Você é uma parte inseparável da existência e, ao mesmo tempo, tem uma individualidade. A vida realizou um milagre, ela fez com que algo impossível se tornasse possível. Assim, ao estar em harmonia com o seu corpo, você estará em harmonia com a natureza, com a vida. Em vez de nadar contra a corrente, nade a favor. Deixe-se levar. Deixe que a vida aconteça. Não force coisa alguma, em nome de nada. Não perturbe a sua harmonia em nome de algum livro sagrado, em nome de algum ideal sagrado.

Nada é mais valioso do que estar em harmonia, em sintonia com o todo.

Viva – e procure descobrir o que realmente é a vida

Todas as religiões concordam num ponto: que a vida de verdade só começa depois da morte. Esta vida seria apenas um ensaio, e não o próprio espetáculo. O espetáculo mesmo só começa depois da morte. Aqui, você está apenas se preparando para o verdadeiro espetáculo. Assim, sacrifique tudo nessa vida e prepare-se para o grande *show* que vai acontecer após a morte. As religiões ensinam o sacrifício – é preciso sacrificar o amor, sacrificar a vida, sacrificar a alegria, sacrificar tudo o que existe. Quanto mais você se sacrificar, mais preparado estará para participar do grande espetáculo após a morte. Elas buscam dirigir sua atenção apenas para a vida depois da morte.

Certa vez, eu estava passeando com Sahu Shanti Prasad pelo seu enorme jardim – ele era uma das pessoas mais ricas da Índia –, quando ele me disse:

"Sempre quis lhe perguntar o que acontece após a morte."

"Mas você está vivo ou não?", perguntei.

"Mas que tipo de pergunta é essa? É claro que estou vivo."

"Sim, você está vivo. Mas sabe o que é a vida?"

"Isto eu não consigo responder. Sinceramente, não sei."

"Imagine só, você está vivo e não tem a menor ideia do que seja a vida? Como então quer saber algo sobre a morte, se ainda nem morreu? Tenha paciência. Enquanto estiver vivo, procure saber o que é a vida. Em breve você já estará morto, daí, em seu túmulo, poderá meditar tranquilamente sobre a morte. Ninguém vai incomodá-lo. Agora, por que você se preocupa com o que vai acontecer depois da morte, e não com o que acontece *antes* da morte? É com isso que deveria realmente se preocupar. Quando a morte chegar, teremos que encará-la, e aí veremos o que ela é. Eu ainda não estou morto, então como poderia saber? Você teria que perguntar a alguém que já morreu. Eu estou vivo. Só posso lhe falar sobre o que é a vida, e como fazer para descobrir o que ela é."

"Mas todos os mestres religiosos que já conheci falam sobre a morte; ninguém fala sobre a vida."

E é assim mesmo. Na verdade, esses religiosos não estão nem um pouco interessados na vida; pior que isso: o que eles querem, no fundo, é que ninguém se interesse por ela. Todo o negócio deles depende do seu interesse na morte. E o mais curioso em relação à morte é que você pode inventar a história que quiser sobre ela, pois ninguém será capaz de contradizê-lo – você não pode provar que é verdade, mas ninguém tampouco pode provar o contrário. No caso das crenças religiosas, o engodo é ainda maior, pois as escrituras acabam validando o discurso de padres, monges ou rabinos, que podem embasar sua pregação nesses textos sagrados.

Não se preocupe com a morte, com essa questão de céu e inferno, e muito menos com essa infeliz ideia de Deus. Simplesmente permaneça em contato com a vida que baila em você, que respira em você, que vive em você. Para isso, é preciso que você se aproxime mais de si mesmo. O mais provável é que você esteja muito longe de si. Essas preocupações inúteis o afastaram demais de seu próprio ser. Você precisa voltar para casa. Lembre-se de que estar vivo é algo muito precioso – não desperdice nem um só momento. Extraia todo o sumo da existência, beba até a sua última gota, pois é esse sumo que lhe permitirá experimentar, de fato, o que é a vida – aí, sim, acontecerá a revelação de tudo aquilo que sempre foi e continuará sendo escondido de você.

Respeite e reverencie a vida

Não existe nada mais sagrado, nada mais divino do que a vida. E a vida não consiste em coisas grandiosas. Todos esses religiosos tolos lhe dizem: "Faça coisas grandiosas", mas a vida se compõe é de pequenas coisas. A estratégia deles é bastante clara. Eles dizem: "Faça coisas grandiosas, faça algo importante, algo pelo qual o seu nome será lembrado no futuro. Faça algo grandioso". E, obviamente, isso é algo que agrada ao ego. O ego é o principal agente do sacerdote. Todas as igrejas, sinagogas e templos têm apenas um agente: o ego – faça algo importante, grandioso.

Pois eu lhe digo que não existe nada de importante, nada de grandioso. A vida se compõe de coisas bem pequeninas. Assim, caso comece a se interessar por essas chamadas "coisas grandiosas", você simplesmente estará deixando a vida escapar.

A vida consiste em beber uma xícara de chá, em conversar com os amigos; consiste em sair para uma caminhada matinal, sem qualquer destino em particular, só para caminhar, sem rumo, sem finalidade, podendo voltar a qualquer momento; consiste em cozinhar para alguém que você ama, e, claro, em cozinhar para si mesmo, pois você também ama o seu corpo; consiste em lavar suas roupas, limpar o chão, regar o jardim... essas coisas sem importância, bem pequenas... Como saudar um desconhecido sem que haja necessidade disso, pois não se tem nenhum assunto a tratar com ele.

A pessoa que pode saudar um estranho na rua também pode dizer "olá" para uma flor, também pode saudar uma árvore, ou cantar uma cantiga para os passarinhos. Todos os dias os passarinhos cantam, e você nunca se preocupou em algum dia responder à cantoria deles. Veja bem, são todas coisas sem importância, coisas bem pequenas…

Não estou falando de ir à sinagoga, à igreja ou ao templo – isso são coisas importantes. Deixe tudo isso para os tolos. Eles são muitos e também precisam de algum tipo de ocupação, precisam se envolver com alguma coisa – para isso servem as sinagogas, as igrejas e os templos. Mas, para você, o único templo deve ser a vida, nada mais do que a própria vida.

O único Deus que eu ensino é a vida. Respeite a sua vida. Somente a partir daí você será capaz de respeitar a vida que há nos demais.

Seja criativo

Só uma pessoa criativa é capaz de saber o que é a bem-aventurança. Nesse sentido, você pode pintar, tocar um instrumento, escrever poemas… faça qualquer coisa simplesmente pelo prazer de fazê-la, sem nenhum outro objetivo. Se você puder escrever um poema apenas por prazer e, quem sabe, compartilhá-lo com alguns amigos; se puder plantar um lindo jardim, só pela alegria de fazê-lo, de modo que qualquer um que passe na rua também possa se alegrar com ele – isso já será recompensa suficiente.

A minha experiência é esta: só as pessoas criativas podem saber o que é a bem-aventurança. Aqueles que não são criativos nunca poderão conhecer a verdadeira bem-aventurança.

Eles podem até saber o que é a felicidade. E vou explicar direitinho a diferença. A felicidade sempre é produzida por algo exterior: você fica feliz porque ganhou um Prêmio Nobel; fica feliz porque recebeu alguma condecoração; fica feliz por tornar-se o campeão de alguma coisa. O motivo da felicidade sempre vem de fora, ela depende totalmente dos outros. O Prêmio Nobel é concedido pelo comitê organizador do Nobel. A medalha de ouro é concedida por algum júri, a condecoração, por alguma comissão na universidade. Esse tipo de felicidade sempre depende dos outros. Assim, se você trabalha apenas por esse motivo, visando uma gratificação exterior, se escreve poesias e romances somente para receber o Prêmio Nobel, o seu trabalho será a coisa mais enfadonha do mundo. Não haverá nenhuma bem-aventurança, pois a sua felicidade está lá fora, distante, nas mãos do comitê do Nobel. E, mesmo que você ganhe o Nobel, será apenas uma felicidade momentânea. Afinal, por quanto tempo você acha que poderia ficar se vangloriando disso?

A bem-aventurança é algo completamente diferente. Ela não depende de ninguém. Ela é a alegria de criar; se os outros vão apreciar ou não é totalmente irrelevante. Você se alegrou enquanto criava – e isso já é mais do que suficiente.

Seja simples

Todas as pessoas querem ser algo extraordinário, fora do comum, e isso, no fim, acaba sendo a coisa mais comum do mundo. Agora, ser uma pessoa simples, comum, e estar tranquilo em ser assim – isso, sim, é algo realmente extraordinário. Quando você é capaz de aceitar a sua própria simplicidade, sem resmungos ou ressentimentos – mas com alegria, porque a existência é assim –, não há nada que possa destruir a sua bem-aventurança. Ninguém poderá roubá-la, ninguém poderá tirá-la de você. Esteja onde estiver, você estará em êxtase.

Certa vez, eu havia terminado uma palestra em Nova Déli quando um homem se levantou e me perguntou:

"O que você pensa de si mesmo? Você acha que vai para o céu ou para o inferno?"

"Até onde eu sei, não existe esse tipo de coisa. Agora, se por acaso existir algum céu ou inferno, espero que seja para o inferno."

"Como assim?!"

"Acontece que, no inferno, encontram-se todas as pessoas fascinantes – pessoas comuns, mas fascinantes. No céu, encontram-se todos os grandes eruditos, teólogos, santos, filósofos – mas são todos muito sérios, graves, sempre discutindo e competindo entre si. Deve ser um lugar bastante tumultuado, onde não se pode desfrutar nem um minuto de silêncio. Aliás, se Deus tem alguma inteligência, deve ter escapado para o inferno, pois é o único lugar onde não haverá ninguém discutindo por causa de bobagens, de coisas estúpidas; as pessoas lá estarão apenas se divertindo, dançando, cantando, comendo, dormindo, trabalhando."

E completei: "Para mim, o fenômeno mais extraordinário da existência está justamente naquilo que é simples".

A regra de ouro para a vida é que não há regras de ouro

E nunca poderia haver. A vida é tão vasta, tão imensa, tão singular, tão misteriosa – ela não pode ser reduzida a uma regra ou máxima. Nenhuma máxima dá conta de tudo, elas são muito pequenas; elas não conseguem abarcar a vastidão da vida e de suas energias vivas. Por isso, a regra de ouro que realmente importa é esta: não há regras de ouro.

Um ser humano autêntico não vive à base de regras, máximas, mandamentos. Esse é o caminho das pessoas falsas. O ser humano autêntico simplesmente vive. Sim, se você perguntar a um homem autêntico, ele pode até lhe falar de algumas regras, mas não serão as regras que ele mesmo terá seguido. Ele foi apenas recolhendo essas normas ao longo do caminho, como se catasse conchinhas na praia. Ele não foi à praia em busca de conchas, mas, sim, para desfrutar o amanhecer, o ar fresco, o sol, o mar, a areia. As conchinhas são apenas coisas que ele achou pelo caminho.

Todo aquele que vive de acordo com alguma regra está destruindo a si mesmo, está se envenenando. Pois essa norma foi criada por alguém que não era você, em algum lugar onde você nunca estará, em um tempo e um espaço que nunca serão os seus. É muito perigoso seguir uma regra assim. Se fizer isso, você irá deslocar a sua própria vida de seu centro, de sua base – irá deformar a si mesmo. Ao tentar se moldar, conseguirá apenas se deformar, se desfigurar.

Assim, lembre-se sempre disto: antes de toda e qualquer regra, vem a regra de ouro.

Viva perigosamente

O que isso quer dizer? Quer dizer simplesmente que a vida é feita de escolhas. Você está sempre numa encruzilhada, o tempo todo. Cada momento é uma encruzilhada; a cada instante você tem que fazer uma escolha, tem que decidir para onde vai, qual será o seu caminho. Cada momento é definitivo, pois você descarta inúmeras alternativas e escolhe apenas uma.

Agora, se você só opta pelo confortável, pelo conveniente, nunca será capaz de viver intensamente. Ao optar pelo confortável, pelo convencional, que são as coisas que a sociedade aprova, você se torna um escravo psicológico. É por isso que existem todas essas conveniências e comodidades por aí... A sociedade lhe dará qualquer coisa em troca de sua liberdade. Ela o tornará respeitável, lhe dará cargos importantes na hierarquia, na burocracia – mas, para isso, você terá que abrir mão de algo: sua liberdade, sua individualidade. Você terá que se tornar um número a mais na multidão. A multidão odeia aquele que não faz parte dela. Ela fica muito nervosa quando vê alguém estranho em seu meio, pois esse estranho acaba se tornando um ponto de interrogação.

Na realidade, você tem levado uma vida predeterminada, com um estilo predeterminado, uma religião predeterminada, uma política predeterminada. Você tem seguido o caminho da multidão, e isso tem sido bastante confortável, cômodo, pois todos à sua volta são iguaizinhos a você. Tudo aquilo que você faz eles fazem também. E, como todos fazem a mesma coisa, isso lhe dá a sensação de que está fazendo a coisa certa; afinal, não é possível que tanta gente assim esteja enganada. Então, em agradecimento à sua obediência, eles lhe conferem toda honra e respeito. E o seu ego, claro, fica totalmente satisfeito. Sim, uma vida assim é cômoda, mas é muito chata. Você vive de forma horizontal... experimenta apenas uma fatia muito fina da vida, como uma fatia de pão cortada bem fininha. Sua vida é muito linear.

Viver perigosamente é viver de forma vertical.

Quando isso acontece, cada instante da sua vida ganha uma profundidade e uma altura. Você alcança a estrela mais alta e, ao mesmo tempo, a profundeza mais abissal. É algo completamente diferente dessa coisa sem graça de linha horizontal. Vivendo de forma vertical, contudo, você se torna um estranho em meio à multidão, que se comporta de forma completamente diferente dos demais. E isso gera um desconforto enorme nas pessoas, por uma razão muito simples: elas não estão aproveitando a vida de verdade; elas não vivem a vida delas, não assumem a responsabilidade por ela, não arriscam nada para que possam tê-la. E, até então, isso era algo que ninguém se questionava, pois todas as outras pessoas viviam assim.

Entretanto, eis que, um dia, aparece um sujeito estranho, que vive de forma diferente, que se comporta de forma diferente... e, então, alguma coisa se agita dentro das pessoas. A vida reprimida que elas levavam, como se fossem molas comprimidas à força, de repente começa a se agitar. Elas começam a se perguntar se esse caminho também seria possível. Esse estranho parece ter um brilho diferente nos olhos, ele irradia uma alegria diferente. Ele caminha, se senta, se levanta, mas nunca é como os demais. Há algo de único em torno dele. Mas o que mais impressiona é isto: ele parece estar completamente satisfeito, feliz – como se já tivesse chegado aonde queria. Todas as pessoas estão vagando sem rumo, e ele já chegou. O caso é que um homem assim é um perigo para a manada. A multidão irá assassiná-lo.

Não é nenhuma coincidência que pessoas como Sócrates sejam envenenadas. Qual era o problema dele? A genialidade dele era tão grande que, se a Grécia tivesse produzido apenas esse homem, já bastaria para que fizesse história e para sempre fosse lembrado. Mas a multidão não podia suportar alguém assim. Ele era um homem muito simples, absolutamente inofensivo. E eles o envenenaram e o mataram. Qual foi o seu crime? Foi apenas um: ele era um indivíduo. Ele trilhava um caminho próprio, e não a estrada pela qual até hoje todos trafegam. Ele percorria o seu próprio labirinto. E a sociedade logo ficou com medo, pois algumas pessoas começaram a se desviar da rota habitual para seguir seu próprio caminho.

Sócrates afirmava que uma pessoa não pode trilhar um caminho feito por outros. É preciso que você crie a sua própria senda – e, para isso, primeiramente você deve caminhar. É o contrário dessa noção de que as estradas estão aí prontas e disponíveis para você, sendo preciso apenas seguir por elas – a vida não é assim. A estrada é criada à medida que se anda; você cria o seu próprio caminho justamente ao caminhar. E lembre-se: ele é só para você, e para mais ninguém. É como acontece com os pássaros, que voam pelo céu e não deixam nenhum rastro para que outros possam segui-los. O céu permanece sempre limpo. Qualquer pássaro pode voar, sim, mas terá que criar a sua própria rota.

Sócrates não pedia para ser aceito. Ele apenas dizia: "Por favor, deixem-me em paz, assim como eu mesmo os deixo em paz. Por favor, respeitem a minha liberdade. Do mesmo modo que não me intrometo em sua vida, não se intrometam na minha". Ele era extremamente honesto. Não pedia para ser aceito. Ele não falava: "Tudo quanto eu disser é verdade, e vocês têm que aceitá-lo". Não, pelo contrário; ele afirmava: "Seja o que for que eu disser, tenho o direito de dizer. E vocês também têm esse direito".

Os juízes acabaram se sentindo um pouco culpados quando decidiram condená-lo à morte. Afinal, tratava-se do expoente mais notável de toda a genialidade grega. Então, eles lhe ofereceram algumas alternativas: "Uma opção é você se retirar de Atenas".

Naquela época, a Grécia era composta de cidades-Estados – aliás, um sistema muito mais democrático do que o atual; pois quanto menor é o núcleo populacional, maior será a possibilidade de democracia, porque será uma democracia direta. Por exemplo, na hora de decidir alguma coisa, os cidadãos de Atenas costumavam se reunir e, então, erguer as mãos a favor ou contra alguma questão. Atualmente, em países como os Estados Unidos, o que existe é um tipo de democracia tão indireta que, ao eleger alguém, você acaba elegendo uma pessoa que ficará vários anos no cargo, mas sem você ter a menor ideia do que essa pessoa fará. Durante esses anos de mandato, você não consegue monitorá-la. Ela pode ter lhe prometido algo e fazer justamente o contrário. E é exatamente isso que sempre acontece. Já em Atenas, tratava-se de uma democracia direta. Sempre que havia algum assunto importante, os cidadãos se reuniam e, então, votavam a favor ou contra determinada proposta. Dessa forma, em vez de ser delegado a alguém por cinco anos, o poder estava sempre nas mãos do povo.

Assim, os juízes disseram: "É muito simples, você só precisa deixar Atenas. Você pode se estabelecer em qualquer outra cidade, pois, onde quer que esteja, você sempre encontrará discípulos e amigos – disso não há a menor dúvida".

Sócrates, então, respondeu: "Não se trata aqui de uma questão de sobrevivência. Sem dúvida, o que vocês propõem é muito conveniente, e qualquer negociante teria aceitado isso. É fácil. Por que ser morto de forma desnecessária? É só mudar de cidade". E Sócrates continuou: "Mas não vou embora de Atenas porque, na verdade, trata-se de uma questão de escolha entre aquilo que é conveniente e a vida; e eu escolho a vida – mesmo que isso traga a morte. Não vou escolher o mais conveniente; isso seria covardia".

E eles lhe ofereceram uma segunda alternativa: "Então faça o seguinte: permaneça em Atenas, mas pare de ensinar".

"Isso seria ainda mais difícil", disse Sócrates. "Por acaso vocês pedem aos passarinhos para não cantar pela manhã, ou que as árvores não floresçam quando é tempo de florescer? Vocês estão me pedindo para não falar a verdade? Mas esta é a minha única alegria: compartilhar a minha verdade com aqueles que estão tateando no escuro. Ficarei aqui e continuarei a ensinar a verdade."

Os juízes, por fim, disseram: "Então não temos como ajudá-lo, pois as massas detêm a maioria, e elas querem que você seja envenenado e morto".

Ao que ele respondeu: "Tudo bem. Vocês podem me matar, mas nunca poderão matar o meu espírito".

Mas lembre-se: quando ele fala espírito, não está se referindo à alma. Por espírito, ele quer dizer a sua coragem, a sua devoção à verdade, a sua forma de viver. Isso é algo que não se pode mudar. Ele disse: "Podem me matar. Não tenho a menor preocupação em relação à morte, pois só há duas possibilidades. A primeira é que eu simplesmente morra, o que não será problema algum. Se eu não existo mais, que problema pode haver? Assim, ou eu simplesmente morro – e não haverá problema –, ou eu não morro e minha alma continua vivendo. Daí, ao menos, terei a satisfação de não ter sido um covarde, de ter sido fiel à minha verdade, de que vocês puderam me matar, mas não foram capazes de me curvar".

E a grande verdade é que ele morreu alegremente. A morte de Sócrates é uma das cenas mais bonitas em toda a história da humanidade. Na Grécia, como eles não usavam cruzes, seria administrado um veneno. Assim, do lado de fora, o envenenador oficial preparava a poção fatal; esse homem era o responsável por administrar o veneno a todos os condenados à morte. A execução estava marcada para as seis da tarde. Porém, o sol já estava se pondo e nada acontecia. Sócrates perguntava o tempo todo: "Mas qual é o problema? Perguntem a esse homem, pois está ficando tarde".

Na verdade, o envenenador estava retardando o processo o máximo que podia. Ele tinha uma enorme admiração por aquele homem, e queria que ele vivesse um pouco mais. Ao menos isso estava a seu alcance... preparar o veneno bem lentamente, sem nenhuma pressa. Mas os discípulos vinham o tempo todo para lhe dizer: "O mestre quer saber por que você está demorando tanto".

Com lágrimas nos olhos, ele disse: "Esse homem realmente é perigoso. Estou tentando lhe dar um pouco mais de tempo para viver, e ele está com pressa".

O envenenador, então, perguntou a Sócrates: "Mas por que você está com tanta pressa?"

E ele respondeu: "Estou com pressa porque vivi a vida com intensidade, com plenitude; sei o que é a vida. Por outro lado, a morte me é desconhecida; é uma grande aventura. Quero saber o que é a morte".

Ora, é impossível matar um homem desses. Não há como assassinar uma pessoa assim, que quer saber o que é a morte, quer provar o seu sabor, quer saltar no desafio e na aventura do desconhecido.

Viver perigosamente significa isto: sempre que houver alternativas, tome cuidado – não opte pelo conveniente, pelo confortável, pelo respeitável, pelo socialmente aceitável, pelo honroso. Opte por aquilo que faz o seu coração vibrar. Opte por aquilo que gostaria de fazer, apesar de todas as consequências.

O covarde só pensa nas consequências: "O que vai acontecer se eu fizer isso? Qual será o resultado?" O que lhe preocupa são os resultados.

Um homem autêntico nunca pensa nas consequências. Ele pensa apenas na ação em si, no momento presente. Ele sente assim: "Isto é o que me atrai, e vou fazê-lo". Tudo o que acontecer depois será bem-vindo. Ele nunca se arrependerá. Um homem verdadeiro nunca se lamenta, nunca se arrepende, pois ele nunca faz nada contra si mesmo. Por sua vez, uma pessoa covarde morre milhares de vezes antes da própria morte, pois o tempo todo ela se lamenta e se arrepende de algo: teria sido melhor se tivesse feito isto em vez daquilo; se tivesse casado com aquele homem, com aquela mulher; se tivesse escolhido essa profissão; se tivesse ido para aquela faculdade... Enfim, sempre há milhares de alternativas, não se pode optar por todas.

A sociedade lhe ensina: "Opte pelo conveniente, pelo confortável. Escolha o caminho batido pelo qual já caminharam seus antepassados e, antes deles, os antepassados de seus antepassados, desde Adão e Eva. Opte pelo caminho batido. E aqui está a prova: se milhões e milhões de pessoas já o percorreram, ele não pode estar errado". Mas lembre-se de uma coisa: a multidão nunca passou pela experiência da verdade.

A verdade só se manifesta no indivíduo.

O caminho batido nunca é trilhado por pessoas como Sócrates. É trilhado apenas pelas massas, pelos medíocres, pelos que não têm coragem de mergulhar no desconhecido. Eles nunca se desviam da rota principal. E se apegam uns aos outros, pois isso lhes dá uma certa satisfação, um certo consolo: "Tanta gente está conosco..."

É por isso que as religiões buscam, o tempo todo, atrair mais e mais fiéis. Não é porque estejam interessadas nas pessoas, na vida delas, em sua transformação – não, esses próprios religiosos ainda não se transformaram. O fato é que, se você é cristão, e existem mais cristãos do que hindus, as chances de a verdade estar com você, e não com os hindus, parecem ser bem maiores. Do mesmo modo, se há mais budistas do que cristãos, os budistas certamente acreditarão que a verdade está com eles, afinal, há tantos seguidores a seu lado.

Mas lembre-se disso: a verdade só se manifesta no indivíduo. Não é um fenômeno coletivo, não é algo que se manifeste numa multidão. Ela sempre se manifesta no indivíduo. É como o amor. Por acaso você já viu alguma multidão apaixonada? É simplesmente impossível uma multidão se apaixonar por outra. Ao menos até agora, isso nunca aconteceu. É um fenômeno individual – uma pessoa se apaixona por outra. Agora, no amor, é preciso que haja ao menos duas pessoas. No caso da verdade, nem isso. É só você, em plena solitude, que tem a experiência da verdade.

A verdade se manifesta apenas para os rebeldes; e, para ser um rebelde, é preciso viver perigosamente.

Viver perigosamente significa isto: não coloque condicionamentos estúpidos entre você e a vida – conforto, conveniências, respeitabilidade. Esqueça-se de todas essas bobagens. Deixe que a vida aconteça e siga o seu fluxo sem se preocupar se você está na estrada principal ou não, sem se preocupar onde você vai parar. São muito poucas as pessoas que vivem de verdade. A grande maioria – podemos dizer que uns 99,9 por cento delas – está apenas cometendo um suicídio prolongado.

Por fim, a última coisa que você deve lembrar – algo tão absolutamente essencial que eu não poderia ser perdoado se me esquecesse – é isto:

Viva com atenção

Seja o que for que você fizer – pode ser caminhar, sentar-se, comer –, ou mesmo que não faça nada, que esteja apenas respirando, descansando ou relaxando na grama, nunca se esqueça de que você é o observador.

Na verdade, você se esquecerá disso inúmeras vezes, pois será envolvido por algum pensamento, uma sensação, uma emoção, um sentimento – qualquer coisa irá distraí-lo de ser o observador. Mas, sempre que isso acontecer, lembre-se e retorne imediatamente para o seu centro de observação. Faça disso um processo permanente de observação interior. E você ficará surpreso com a mudança completa que se dará na qualidade de sua vida. Por exemplo, posso mover minha mão sem prestar nenhuma atenção nisso; assim como posso movê-la observando internamente todo o movimento. São dois movimentos completamente diferentes. O primeiro é um movimento robótico, mecânico. O segundo é um movimento consciente. Quando você está consciente, você sente a sua mão a partir do seu interior; quando não está consciente, você apenas a percebe externamente.

Até hoje, você conheceu o seu próprio rosto somente como um reflexo no espelho, algo visto de fora, pois você não era um observador. Se começar a se observar com atenção, poderá ver o seu rosto a partir do seu interior – e observar a si mesmo a partir do interior é uma experiência incrível. Daí em diante, pouco a pouco, começam a acontecer algumas coisas estranhas. Sim, desaparecem os pensamentos, os sentimentos, as emoções... e permanece apenas um silêncio a seu redor. É como se você fosse uma ilha no meio de um oceano de silêncio... simplesmente um observador, como se uma chama de luz irradiasse em seu interior, iluminando todo o seu ser.

No começo, será apenas uma experiência interna. Mas, lentamente, você vai perceber que essa irradiação se espalha para fora do seu corpo, e os raios desse clarão também alcançam outras pessoas.

Você ficará surpreso, e bastante admirado, com o modo como as pessoas com um mínimo de sensibilidade vão perceber, na hora, que alguma coisa as tocou, mesmo que não possam ver o que é.

Por exemplo, quando estiver observando a si mesmo com atenção, simplesmente caminhe por trás de alguém, mantendo a observação interior, e é praticamente certo que, de repente, essa pessoa irá se voltar e olhar para trás, sem nem saber por quê. Quando você se observa, o seu estado de atenção começa a se irradiar e, inevitavelmente, acaba alcançando a pessoa que está diante de você. Então, ao sentir que algo invisível a tocou, essa pessoa irá se virar e perguntar: "O que foi?" E lá está você, a uma tal distância dessa pessoa que nem conseguiria tocá-la com as mãos.

Você também pode tentar este outro experimento: quando alguém estiver dormindo, sente-se ao lado dessa pessoa e apenas observe a si mesmo – de repente, ela vai acordar, abrir os olhos e fitar tudo a seu redor, como se alguém a tivesse tocado.

Aos poucos, você também será capaz de sentir o toque que se dá através dos raios que irradia. É o que as pessoas chamam de "vibração". Isso não é apenas algo imaginário. A outra pessoa sente que foi tocada; e você também sente que a tocou.

O termo que se usa em inglês para dizer que alguém nos comoveu, que ficamos "tocados" (*being touched*), é bastante significativo. Quando você diz que alguém o comoveu, que você ficou "tocado", talvez esteja usando essa expressão sem se dar conta do que ela significa. É possível que essa pessoa não tenha lhe dito uma única palavra; talvez ela tenha apenas passado a seu lado; ou, quem sabe, tenha só olhado uma vez nos seus olhos – apesar disso, você se sente "tocado" por ela. A questão é essa: não se trata apenas de uma palavra. É algo que realmente acontece. E esses raios vão se espalhando para as pessoas, os animais, as árvores, as pedras… até que, um dia, você vai perceber que pode tocar todo o universo a partir do seu interior.

É isso que eu chamo de experiência da divindade.

PARTE 2

Iluminação descomplicada para tempos extraordinários

O ser humano já poderia ter alcançado os cumes mais elevados, os mais altos picos dos Himalaias da consciência, porém, por causa da estupidez e inconsciência da maioria das pessoas, a evolução é continuamente protelada.

Ao matar um Sócrates, é provável que se atrase a evolução por uns mil anos. Quando se envenena um Buda, novamente ela é postergada por outros mil anos. Mansur al-Hallaj* é assassinado, e adia-se a evolução mais uma vez. O tempo todo a evolução é protelada, pois a maioria inconsciente não consegue suportar que alguém se eleve tão alto como um Everest em termos de consciência, amor e compaixão.

O que precisamos é criar uma imensa legião de milhares de budas. Só assim teremos a possibilidade de dar um salto quântico na evolução.

---

* Mansur al-Hallaj foi um escritor e místico sufi, que viveu por volta do século X e foi assassinado pelo califado de Bagdá em virtude do conteúdo controverso de suas obras. (N. do T.)

Crenças são coisas emprestadas, a confiança é sua

A confiança só pode existir se, primeiro, você confia em si mesmo. Tudo aquilo que é mais fundamental precisa acontecer primeiramente em seu interior. Se você confia em si mesmo, poderá confiar na existência. Porém, se não confia em si mesmo, nunca poderá confiar em nada.

E o que a sociedade faz é extirpar a sua confiança pela raiz. Ela não permite que você confie em si mesmo. Ela lhe ensina todas as outras formas de confiança – a confiar nos pais, a confiar na Igreja, a confiar no Estado, a confiar em Deus, e assim eternamente. Mas a sua confiança essencial é completamente destruída. Por isso, todas as outras formas de confiança são falsas, e estão fadadas a ser assim. Elas não passam de flores de plástico – pois você não tem raízes de verdade para que flores de verdade possam crescer.

A sociedade faz isso deliberadamente, de propósito, porque uma pessoa que confia em si mesma é um perigo para uma sociedade como essa – uma sociedade que depende da escravidão, que já investiu muito na escravização coletiva.

Um homem que confia em si mesmo é um homem livre. Ele é imprevisível, age à sua maneira. A liberdade é a sua vida. Quando sente algo, confia; quando ama, confia – sua confiança é carregada de intensidade e verdade. É uma confiança viva e autêntica. E ele está disposto a arriscar tudo em nome dela – sim, mas só quando realmente sente que é de verdade, só quando o seu coração se move, só quando a sua inteligência e o seu amor se movem; de outra forma, não. É impossível lhe impor qualquer tipo de crença.

• • •

A crença é teórica.

A confiança é existencial.

Você pode trocar de crença sem nenhum problema; é como trocar de roupa. Você pode deixar de ser hindu e se tornar cristão; pode deixar de ser cristão e se tornar muçulmano; de muçulmano, pode se tornar comunista – não importa, pois a crença é algo que existe apenas na sua mente. Se, por acaso, aparecer algo mais convincente, mais lógico, você pode substituí-la facilmente. Ela não tem raízes no seu coração.

As crenças são como flores de plástico, que se parecem com flores de verdade apenas quando vistas de longe. Elas não têm raízes, não exigem nenhum cuidado – não precisam de adubo, de fertilizante, de podas, de irrigação; não precisam de nada. E ainda por cima são eternas; elas podem permanecer com você por toda a sua vida – afinal, como elas nunca nasceram, nunca morrerão. Elas foram fabricadas. E, a menos que alguém as destrua, continuarão sempre a existir.

A confiança é uma rosa de verdade. Ela tem raízes, e essas raízes penetram profundamente no seu coração e no seu ser.

A crença está apenas na cabeça.

A confiança está no coração, no núcleo mais profundo do seu ser. É praticamente impossível substituir a confiança por outra coisa – isso nunca aconteceu, não se sabe de um caso assim em toda a história da humanidade. Quando você confia, você confia; não tem como mudar isso. E a confiança continua sempre a crescer, pois ela tem raízes. Ela nunca permanece estática; ela é dinâmica, é uma força viva, que segue desenvolvendo novas folhagens, novas flores, novos ramos.

• • •

A coisa mais difícil na vida é abandonar o passado – porque abandonar o passado significa abandonar toda a nossa identidade, toda a nossa personalidade. Significa renunciar a si mesmo. Porque você é o seu passado; você não é nada mais do que os seus condicionamentos.

Largar o passado não é tão simples como trocar de roupa – na verdade, é como se a sua própria pele estivesse sendo arrancada. O seu passado é tudo o que você conhece de si. E abandoná-lo não é fácil, é um trabalho árduo – é a coisa mais difícil que existe. Mas somente quem se atreve a fazer isso é que vive de verdade. Os demais apenas fingem que vivem, eles simplesmente vão se arrastando de alguma forma por aí. Não têm nenhuma vitalidade, nem poderiam ter. Eles vivem no mínimo, e viver assim é desperdiçar a coisa toda.

O florescimento só acontece quando você vive o seu potencial ao máximo. Deus só se manifesta quando o seu ser e a sua verdade atingem a sua máxima expressão – aí, sim, você começa a sentir a presença do divino.

Quanto mais você desaparece, mais você sente a presença do divino. Mas essa presença só é sentida mais tarde. A primeira condição a ser cumprida é esta: que você desapareça. É uma espécie de morte.

Por isso é tão difícil. Veja bem, os seus condicionamentos estão arraigados de forma muito profunda – desde sempre você vem sendo condicionado; bastou você nascer, e o condicionamento começou. Então, no momento em que você fica um pouco mais alerta, em que começa a se dar conta das coisas, os condicionamentos já se instalaram no âmago do seu ser. Nesse sentido, enquanto você não penetrar no núcleo mais profundo do seu ser – o centro que não foi condicionado, que é anterior aos condicionamentos –, enquanto não recuperar o seu silêncio e a sua inocência, você nunca vai saber realmente quem você é.

Você pode até saber que é hindu, cristão, comunista; pode saber que é indiano, chinês, japonês, e tantas outras coisas – mas tudo isso são apenas condicionamentos que lhe foram impostos. Você veio ao mundo como um ser profundamente silencioso, puro, inocente. Sua inocência era absoluta.

Meditação significa penetrar nesse núcleo, o centro mais essencial do seu ser. Os praticantes do zen chamam isso de conhecer o seu "rosto original".

• • •

Cada um de nós nasce como um ser individual. Porém, quando estamos maduros o suficiente para tomar parte na vida, já nos tornamos apenas uma parte da multidão. Se você simplesmente se sentar em silêncio e escutar a sua mente, vai perceber diversas vozes em seu íntimo. E ficará surpreso ao notar que consegue reconhecer perfeitamente de onde vem cada uma delas. Uma voz é do seu avô; outra é de sua avó; uma voz é do seu pai; outra é de sua mãe; outras são do sacerdote, do professor, dos vizinhos, de seus amigos, de seus inimigos... Todas essas vozes estão misturadas numa multidão tão confusa em seu interior que é quase impossível você descobrir a sua própria voz; a multidão é grande demais.

Na verdade, já faz muito tempo que você se esqueceu da sua própria voz. Nunca lhe deram liberdade para expressar as suas opiniões. Sempre lhe ensinaram apenas a obedecer. Você foi doutrinado a dizer sim para tudo o que os mais velhos lhe diziam. Foi ensinado a obedecer a qualquer coisa que os seus professores ou os seus sacerdotes preguem. Nunca lhe disseram para descobrir a sua própria voz, ninguém jamais lhe perguntou: "Você tem uma voz própria ou não?"

Com isso, a sua voz permaneceu sempre calada, enquanto as demais continuavam falando alto, de forma autoritária – tudo isso porque essas vozes eram ordens que lhe deram e, a despeito de si mesmo, você sempre as acatou. No fundo, você não tinha a menor intenção de obedecer, pois percebia que aquilo não era certo. No entanto, é preciso ser obediente para ser respeitado, para ser aceito, para ser amado.

Só está faltando uma voz em seu interior, falta só uma pessoa; e essa pessoa, claro, é você mesmo – de resto, existe uma multidão inteira aí. E o que essa multidão faz, o tempo todo, é apenas deixá-lo maluco. Pois, enquanto uma voz diz "Faça isso", chega outra e diz "Nunca faça isso! Não ouça aquela voz!" E o resultado é que você se torna uma pessoa cindida.

Essa multidão precisa ser totalmente removida. Você tem que dizer a ela: "Me deixe em paz!" Todos aqueles que, um dia, já se retiraram para as montanhas, ou para alguma floresta isolada, não queriam meramente se afastar da sociedade. Na verdade, o que eles buscavam era encontrar um lugar onde pudessem dispersar essa multidão interna. Acontece que, obviamente, todas essas pessoas que fizeram uma morada dentro de você estão relutantes em sair.

Agora, se você quer se tornar um indivíduo que é dono de si, se quer se livrar desse eterno conflito, dessa balbúrdia de vozes em seu interior, tem que dizer adeus a todas elas – mesmo que elas pertençam ao seu respeitável pai, à sua mãe, ao seu avô. Não importa a quem elas pertençam, uma coisa é certa: essas vozes não são suas. São vozes de pessoas que viveram a sua própria época, mas que não tinham a menor ideia de como seria o futuro. Elas sobrecarregam seus filhos ao lhes passar o peso de suas próprias experiências, sem saber que essas experiências nunca vão coincidir com um futuro que é desconhecido.

Elas acham que estão ajudando seus filhos – a se tornarem pessoas cultas, espertas, para que a vida deles seja mais fácil e confortável –, mas o fato é que estão fazendo justamente o contrário. Com todas as boas intenções do mundo, o que fazem é destruir a espontaneidade da criança, sua consciência, sua capacidade de se sustentar sobre as próprias pernas e, ainda, de responder às demandas de um futuro do qual os seus ancestrais não faziam a menor ideia.

A criança vai enfrentar novas tempestades, encarar novas situações, e, para que consiga responder a isso tudo, precisará de uma consciência inteiramente nova. Só assim a sua resposta será frutífera; só assim ela poderá ter uma vida vitoriosa, uma vida que não seja apenas um longo e cansativo desespero, mas uma dança que, a cada momento, torna-se mais e mais profunda, até o último suspiro. A pessoa entra na morte dançando, e alegremente.

Fique em silêncio, e descubra o seu próprio ser. A menos que descubra o seu próprio ser, será muito difícil expulsar a multidão, pois todas as vozes nessa multidão estão fingindo ser você – elas dizem: "Eu sou o seu ser verdadeiro". E você não tem como concordar ou não.

Assim, não brigue com essa multidão. Deixe que essas vozes briguem entre si – elas sabem muito bem como brigar umas com as outras. Enquanto isso, procure conhecer a si mesmo. Uma vez que você saiba quem é, pode simplesmente mandar que elas saiam de sua casa – é simples assim! Mas, primeiro, você tem que conhecer a si mesmo.

Quando você está presente, o dono da casa também está. E todas aquelas pessoas, que fingiam ser os senhores da casa, começam a desaparecer. A pessoa que é ela mesma, que se livrou do fardo do passado, que se desatou do passado, que é original, forte como um leão e inocente como uma criança... essa pessoa pode alcançar as estrelas, ou até mesmo ir além delas; seu futuro é de ouro.

A responsabilidade de ser livre

A liberdade só é possível quando você está tão integrado, tão inteiro, que pode assumir a responsabilidade de ser livre. Na realidade, o mundo não é livre por um simples motivo: as pessoas não são maduras. Ao longo dos séculos, revolucionários de todo tipo já tentaram de tudo, mas nada funcionou; visionários de toda ordem já pensaram em formas de tornar o homem livre, mas ninguém deu ouvidos. O fato é que, enquanto não estiver realmente integrado, o homem nunca poderá ser livre. Só um Buda pode ser livre, somente um Mahavira, um Cristo, um Maomé ou um Zaratustra podem ser livres – porque ser livre significa ser consciente. Se você não é consciente, o Estado é necessário, o governo é necessário, a polícia é necessária, o tribunal é necessário – a liberdade simplesmente não tem como existir. Ela será uma mera palavra, não existirá na realidade. Afinal, como pode haver liberdade enquanto existe um governo? É impossível. Agora, o que fazer então?

Por exemplo, se o governo desaparecesse, só haveria anarquia. A liberdade não virá com o fim dos governos, só teríamos caos. Seria algo muito pior do que o que temos hoje em dia, seria uma loucura completa. O mesmo se dá em relação à polícia – ela só é necessária porque você não é consciente. Do contrário, que sentido haveria em se manter um policial parado num cruzamento? Se as pessoas fossem conscientes, o policial poderia ser tirado de lá sem problema algum, pois ele seria totalmente inútil. A questão, contudo, é que as pessoas ainda não são conscientes.

Assim, quando falo de liberdade, estou falando de responsabilidade. Quanto mais responsável você for, mais livre você se torna; do mesmo modo, quanto mais livre você for, maior será a responsabilidade que terá que assumir. Pois, nesse caso, você precisará ficar bastante atento em relação a tudo o que faz, a tudo o que diz. Mesmo em relação às suas pequenas atitudes inconscientes, você terá que estar extremamente alerta – pois não haverá mais ninguém lá para vigiá-lo, apenas você mesmo. Quando lhe digo que você é livre, com isso quero dizer que você é um deus. Preste muitíssima atenção: a verdadeira liberdade não é um desregramento – é uma tremenda disciplina.

• • •

Não basta apenas se libertar da sociedade. É preciso ser livre e responsável; é preciso ser responsável e disciplinadamente livre – só assim você será livre de verdade. Do contrário, terá meramente se prendido a um novo padrão. Alguém que se revolta contra a sociedade está só reagindo; já um praticante do zen, este, sim, se rebela de fato. Ao ser reativo, você apenas se coloca no lado oposto. Por exemplo, se a sociedade diz "Não use drogas", você vem e diz que as drogas são a cura de todos os males, são a única panaceia que existe; se a sociedade diz "Faça isso", você imediatamente faz o contrário; e por aí vai. Agora, lembre-se de que, ao fazer o oposto, você permanece preso na armadilha da sociedade, pois, em última instância, foi ela quem decidiu o que você faria. Mesmo a ação contrária é determinada pela sociedade. A sociedade disse "não" para as drogas, e você reagiu: "Pois eu vou consumi-las". Ao dizer não, a sociedade determinou a direção que você tomaria.

Ou seja, enquanto uma pessoa convencional está obedientemente inserida na sociedade, aquele que, de forma reativa, se opõe a ela simplesmente foi preso em suas teias, só que pelo lado oposto. Enquanto um diz "sim" para a sociedade, o outro diz "não", mas ambos estão apenas sendo reativos a ela. Aquele que realmente quer ser livre não diz nem "sim" nem "não".

• • •

Existem três tipos de liberdade. O primeiro é a "liberdade de" – é um tipo negativo de liberdade: você se liberta *de* seu pai, *de* sua mãe, *da* Igreja, *da* sociedade. A "liberdade de" é uma liberdade negativa – ela pode até ser boa no começo, mas não deve ser a meta final. Pois o que você vai fazer quando estiver livre de seus pais? Quando estiver livre da sociedade, você simplesmente estará perdido. Todas as coisas vão deixar de fazer sentido, porque todo o sentido de sua vida girava em torno de dizer "não". Mas a quem você vai dizer "não" agora?

Certa vez, veio até mim um jovem que queria se casar com uma moça. Ele era um brâmane, um membro da mais alta casta indiana, muito respeitado na cidade, e queria se casar com uma garota de origem persa, que não pertencia à sua casta. Os pais desse jovem eram totalmente contra, e ainda o pressionavam com a ameaça de que, caso se casasse com aquela moça, seria deserdado – e olhe que ele era filho único. O fato é que, quanto mais inflexíveis os pais se tornavam, mais ele teimava em se casar com a garota. E foi nesse contexto que ele veio pedir o meu conselho. Eu lhe disse:

"Durante três dias, apenas medite sobre isto: você realmente está interessado nessa garota, ou será que só está interessado em dizer 'não' para os seus pais?"

"Mas por que você está me dizendo isso? Eu amo essa moça, estou completamente apaixonado por ela!"

"Bom, se é assim, então se case com ela. Mas eu não vejo nenhum amor em seus olhos; não vejo nenhum amor em seu coração; não consigo sentir a menor fragrância de amor. Vejo apenas uma aura negativa a seu redor, uma aura negra cobrindo seu rosto. E isso revela o quanto você está obstinado em confrontar os seus pais – a garota é só uma desculpa."

Mas, claro, o rapaz não me escutou. Afinal, se não ouvia os próprios pais, como iria dar ouvidos a mim? E logo ele se casou. Só que, seis meses depois, ele apareceu novamente, e dessa vez mergulhado em lágrimas. Ele se prostrou aos meus pés e disse: "Você tinha razão – eu não amo aquela mulher, aquele amor era falso. Seu diagnóstico estava certo, você tinha toda a razão... Agora que me casei com ela, só para ir contra a vontade de meus pais, todo o amor desapareceu."

Essa é a "liberdade de". Não se trata realmente de uma grande liberdade, mas, ao menos, é melhor que nada.

O segundo tipo de liberdade é a "liberdade para" – é um tipo positivo de liberdade. Nesse caso, o seu interesse não está voltado para a negação de alguma coisa, mas, sim, para a criação de algo novo. Por exemplo, você quer ser um poeta, e o simples fato de querer ser um poeta vai fazer com que tenha que dizer "não" para os seus pais. A sua verdadeira inclinação é a de ser um poeta, mas seus pais querem que você seja um engenheiro: "É melhor ser um engenheiro! Você vai ganhar muito mais. Além de ser mais rentável, é um trabalho muito mais respeitável. Mas poeta?! As pessoas vão achar que você enlouqueceu! E como você vai ganhar a vida? Como vai sustentar sua mulher e seus filhos? Poesia não dá dinheiro!"

Agora, se o que de fato lhe interessa é ser um poeta, se você está disposto a arriscar tudo em nome disso, trata-se de uma forma de liberdade muito mais elevada do que a primeira. É uma liberdade positiva: a "liberdade para". Mesmo que seja preciso viver na pobreza, você estará feliz, animado. Mesmo que seja preciso cortar lenha para se manter como poeta, você viverá totalmente satisfeito, em êxtase, porque estará fazendo exatamente o que quer, estará fazendo aquilo que o seu coração lhe diz. Essa é uma liberdade positiva.

E, por fim, existe o terceiro tipo de liberdade, a mais elevada de todas. No Oriente, nós a chamamos de *moksha* – a liberdade suprema, que vai muito além das esferas do negativo e do positivo. Primeiro, aprenda a dizer "não", depois aprenda a dizer "sim", e, finalmente, esqueça-se de ambos e apenas seja você. O terceiro tipo de liberdade não é uma liberdade contra nem a favor de algo – é simplesmente liberdade. É simplesmente ser livre; não se trata de ser contra ou a favor de nada.

A "liberdade de" é política, o que explica por que todas as revoluções políticas sempre fracassam justamente… quando triunfam. Se não conseguissem sair vitoriosas, continuariam lutando e mantendo as esperanças; mas, tão logo triunfam, elas fracassam, porque já não sabem mais o que fazer. Isso aconteceu na Revolução Francesa, aconteceu na Revolução Russa… e é o que acontecerá com qualquer revolução. Pois uma revolução política é "liberdade de". Assim que o czar se for, você ficará completamente perdido. Afinal, o que vai fazer agora? A sua vida toda foi devotada na luta contra o czar, a única coisa que você sabe fazer é lutar contra o czar. Assim, tão logo ele se vá, você ficará perdido, pois todas as suas habilidades serão inúteis. Você se sentirá bastante vazio.

A "liberdade para" é artística, criativa, científica.

E a "liberdade pura" é religiosa.

O que eu lhe ensino é *moksha*: a liberdade pura, nem contra, nem a favor, *neti neti* – nem isto, nem aquilo –, mas apenas liberdade, simplesmente a fragrância da liberdade. Quando o seu "sim" tiver destruído o seu "não", ambos poderão ser jogados fora. Isso é a suprema felicidade, a suprema liberdade, a suprema realização.

• • •

Em geral, nos dicionários, a palavra "responsabilidade" aparece com a conotação de "dever", de fazer as coisas da maneira que os outros esperam que você as faça, sejam eles os seus pais, os seus professores, os seus sacerdotes, os políticos ou quem quer que seja. Sua responsabilidade é cumprir as exigências feitas a você por seus superiores e pela sociedade. Se agir assim, você será uma pessoa responsável; mas, se agir por conta própria, de acordo com a sua consciência, será uma pessoa irresponsável.

O caso, porém, é que a própria palavra "responsabilidade" (*responsibility*) precisa ser dividida em duas. Na realidade, ela significa "capacidade de responder" (*response-ability*). E essa capacidade de responder só é possível quando você é espontâneo, quando vive de forma presente, aqui e agora. Responder adequadamente significa que sua atenção, seu cuidado e sua consciência estão inteiramente no momento presente, aqui e agora. Nesse caso, aconteça o que acontecer, você vai responder com todo o seu ser. Não se trata de estar em sintonia com outras pessoas, com algum texto sagrado, ou com algum santo idiota. Significa, simplesmente, estar em sintonia com o momento presente. Essa capacidade de responder é a verdadeira responsabilidade.

Todos os dias, a vida nos traz novas situações. Se você achar que as experiências do passado é que lhe servirão de guia, simplesmente perderá a oportunidade de agir com responsabilidade, com espontaneidade. Para mim, a forma mais elevada de moral é agir com espontaneidade. Quando isso acontece, é impossível você errar, pois toda a sua atenção está envolvida na ação. Isso é o máximo que se pode fazer. A existência não pode exigir mais nada de você. Se você já está totalmente focado no presente, o que mais poderia fazer? Toda a sua energia e consciência já estão voltadas para resolver uma questão, para sair de alguma situação. Mais do que isso é impossível. Assim, aconteça o que acontecer, está tudo bem.

Toda essa noção equivocada de responsabilidade e de buscar orientação nas experiências do passado, tudo isso lhe é ensinado por pessoas que não querem que você esteja presente aqui e agora. O tempo todo, essas pessoas lhe dão conselhos sobre como agir e o que fazer; o problema é que elas ignoram uma verdade simples: a vida não acontece de acordo com os parâmetros que elas criaram. Na verdade, diante de qualquer situação real, a orientação que vem delas serviria apenas para desorientá-lo.

Não se preocupe com o passado. O que passou, passou. Você tem que estar inteiro no momento presente. Pois essa é a única forma de ser realmente responsável, de ser "capaz de responder" (*response-able*). Essa é a única maneira de responder de forma adequada a qualquer situação que você esteja vivendo.

• • •

Em última instância, é você, e sempre você, o fator decisivo – é você quem realmente decide o que vai acontecer em sua vida. Lembre-se disso. Essa é a chave. Se você está infeliz, é sua responsabilidade. Se não está vivendo de forma satisfatória, é sua responsabilidade. Se está deixando a vida escapar, olhe para você: a responsabilidade é toda sua. Não tenha medo dessa responsabilidade.

Muita gente morre de medo dessa responsabilidade porque não consegue enxergar o outro lado da moeda. Se de um lado está escrito "responsabilidade", do outro se lê "liberdade". Responsabilidade significa liberdade. Quando alguém o obriga a ser infeliz, você não tem como mudar essa situação – afinal, se a sua infelicidade é causada por outra pessoa, o que você poderia fazer? A menos que essa pessoa decida parar com isso, não há o que se possa fazer. Agora, quando o responsável pela sua infelicidade é você mesmo, quem pode decidir parar com isso ou não é só você. Caso esteja gostando de ser infeliz, muito bem, seja mil vezes mais infeliz – não tem problema nenhum. Aproveite! Mas, se não está gostando dessa situação, então pare com isso de uma vez por todas. Seja firme, decidido, liberte-se

O que eu percebo é isto: as pessoas vivem dizendo que querem ser felizes, mas sempre com a desculpa de que não podem fazer nada para que isso aconteça – coitadinhas, elas são obrigadas a ser infelizes. Mas isso é completamente absurdo. Ninguém está obrigando ninguém a nada – ninguém pode obrigar ninguém a ser infeliz. Uma pessoa que sabe ser feliz consegue ser feliz em qualquer situação. Seja qual for a situação em que ela se encontre, vai descobrir algum motivo para se alegrar. Por outro lado, há muita gente que aprendeu direitinho o truque de como ser infeliz. Seja qual for a situação em que essas pessoas se encontrem, vão descobrir algum motivo para se entristecer. Você sempre encontra aquilo que procura. A vida constantemente lhe oferece o mais variado tipo de coisas. Você é quem escolhe!

Eu ouvi contar uma história sobre dois homens que estavam na prisão. Era uma noite de lua cheia, e ambos estavam em pé junto da janela de sua cela escura. A lua cheia brilhava no céu, mas só um deles a contemplava. Como era a estação chuvosa, da janela também se podia ver muita lama e muito lodo; era tudo uma sujeira só, e ainda por cima bastante malcheirosa.

E lá estavam os dois homens: enquanto um deles contemplava a lua, o outro ficava olhando apenas para a lama. Esse sujeito que só olhava para a sujeira, obviamente, sentia-se bastante infeliz. Já o homem que mirava a lua estava radiante, resplandecente; seu rosto refletia a luz da lua; seus olhos estavam cheios de beleza. Ele havia esquecido completamente que estava preso.

Veja bem, os dois estavam diante da mesma janela, mas haviam escolhido coisas diferentes. Existem pessoas que, quando estão diante de um roseiral, preocupam-se apenas em contar os espinhos. Elas são muito boas em cálculos, sua matemática é sempre perfeita. Acontece que, depois de terem contado milhares de espinhos, é lógico que não serão mais capazes de enxergar uma única rosa, uma única flor. Na verdade, a sua voz interior lhes dirá: "Mas como é possível? Como pode haver uma flor no meio de tantos espinhos? Deve ser alguma ilusão, não é possível. De qualquer forma, mesmo que fosse possível, isso não presta para nada".

Por outro lado, também existem pessoas que jamais se preocupam com os espinhos de uma roseira – elas olham apenas para a rosa. E, ao contemplar a rosa, ao sentir o seu perfume, apreciando a sua beleza, celebrando esse momento, vão percebendo que os espinhos nem são tão pontudos assim – "E como poderiam ser, se nascem da mesma roseira que a flor?", lhes diz a sua voz interior. Na verdade, quando focam a sua mente na rosa, elas também passam a enxergar os próprios espinhos de uma forma diferente: começam a perceber que os espinhos só estão lá para proteger a flor. Com isso, eles deixam de ser vistos como algo feio, imprestável; eles deixam de ser algo "anti" – nasce uma atitude positiva.

Cabe a você decidir o que fará de sua vida. Uma consciência iluminada consegue fazer com que a própria morte seja uma coisa bela. E uma consciência não iluminada consegue fazer com que a própria vida seja uma coisa horrível. Para uma consciência iluminada, só existe beleza e plenitude, só há beleza e bem-aventurança.

Assim, a questão não é saber como transformar a feiura em beleza, como converter o sofrimento em prazer, ou a tristeza em felicidade, nada disso. A grande questão é saber como transformar a inconsciência em consciência, como converter uma atitude inconsciente numa atitude iluminada – trata-se de transformar o seu próprio mundo interior, de manifestar valores que afirmem a vida e, de uma vez por todas, abandonar os valores que a negam.

A consciência é a única moral

Consciência significa que, seja o que for que estiver acontecendo em determinado momento, você está plenamente consciente, você está presente. Por exemplo, se você está presente quando sente raiva, a raiva não se manifesta; ela só consegue se manifestar se você está adormecido. Quando você está desperto, ocorre uma transformação instantânea em seu ser; nesse caso, é simplesmente impossível que muitas coisas aconteçam. Se você está consciente, presente, tudo aquilo que se chama de "pecado" não tem como acontecer. Na realidade, existe apenas um pecado: é a inconsciência.

Na sua origem etimológica, a palavra em inglês para "pecado" (*sin*) significa "estar em falta", "não compreender" (*to miss*). Ela não significa "cometer algo errado"; quer dizer simplesmente "não compreender", "estar em falta", "estar ausente". A raiz hebraica da palavra *sin* (pecado) significa *to miss* (estar em falta, ausente, não compreender). E você pode encontrar essa raiz em algumas palavras inglesas, como *misconduct* (má conduta) ou *misbehavior* (mau comportamento). Enfim, *to miss* significa "não estar presente", "fazer algo sem estar presente" – e esse é o único pecado que existe. Assim como a única virtude que existe é estar totalmente presente em tudo que se faz – é o que Gurdjieff* chama de "lem-

---

* George Ivanovich Gurdjieff foi um místico armênio que, no início do século XX, criou um sistema de ensinamentos que alia o treino intelectual a práticas como meditação, música e dança. Influenciado pelas tradições orientais, como a dos sufis muçulmanos, ele chamava seu sistema de "trabalho sobre si", enfatizando que o despertar espiritual se dá a partir de um esforço de perscrutar e transformar a si mesmo. (N. do T.)

brança de si", o que Buda chama de manter "a mente correta", o que Krishnamurti chama de "consciência". Esteja presente! Essa é a única coisa necessária, nada mais. Você não precisa mudar nada; aliás, mesmo que tentasse mudar, não conseguiria.

Faz tempo que você vem tentando mudar várias coisas em seu ser. E por acaso conseguiu? Quantas vezes você já decidiu que nunca ficaria com raiva de novo? O que aconteceu com essa decisão? Quando o momento se apresenta, lá está você, preso na mesma armadilha: você fica com raiva e, após a raiva ter passado, novamente se culpa. Tornou-se um círculo vicioso: você tem uma reação de ira, em seguida se arrepende, e logo já está pronto para cometer o mesmo erro.

Lembre-se: até mesmo ao se arrepender, você não está presente; esse arrependimento é só uma parte do "pecado". Por isso nada acontece. Você tenta uma vez atrás da outra, toma milhares de decisões, faz milhares de promessas, mas nada acontece – você permanece o mesmo. Você continua sendo exatamente a mesma pessoa que era ao nascer, não houve sequer uma ligeira mudança em você. E não é que você não tenha tentado, que não tenha se esforçado o suficiente; pelo contrário, você tentou várias e várias vezes, mas sempre fracassou. Por quê? Porque não se trata de uma questão de esforço. O esforço não serve para nada. É uma questão de estar consciente, e não de fazer esforço.

• • •

Traga um pouco mais de consciência para a sua vida. Tudo o que fizer, faça de uma forma menos automática do que vem fazendo até hoje – e você tem a chave para isso. Por exemplo, quando estiver caminhando, não caminhe como um robô. Não faça como sempre tem feito, não caminhe mecanicamente. Coloque um pouco mais de atenção ao caminhar, vá mais devagar, permita que cada passo seja dado com o máximo de consciência.

Buda recomendava aos seus discípulos que, toda vez que erguessem o pé esquerdo, deveriam dizer internamente "esquerdo"; e ao levantar o pé direito, deveriam repetir "direito". Para que você possa se acostumar com essa nova prática, primeiramente diga as palavras. Então, aos poucos, deixe que elas desapareçam, e procure simplesmente se lembrar, "esquerdo, direito, esquerdo, direito".

Comece pelas coisas pequenas. Não se preocupe em realizar grandes feitos. Comer, tomar banho, nadar, caminhar, falar, ouvir, cozinhar, lavar as roupas – desautomatize todas essas ações. Lembre-se desta palavra: "desautomatizar"; aí está todo o segredo para se tornar consciente.

A mente é um robô, é assim que ela funciona. E um robô, claro, serve para algumas coisas, ele tem uma utilidade específica. Veja, por exemplo, o que acontece quando aprendemos a fazer alguma coisa nova. Sempre que aprendemos algo novo, no começo estamos bastante conscientes. Quando você está aprendendo a nadar, você fica atento o tempo todo, pois a sua vida está em perigo. Quando está aprendendo a dirigir, você também fica totalmente alerta. Você tem que ficar. Afinal, deve prestar atenção em muitas coisas: o volante, a rua, os pedestres, o acelerador, o freio, a embreagem. É preciso estar consciente de tudo isso. São tantas coisas que você acaba até ficando ansioso, pois qualquer erro pode ser perigoso. De fato, é tão perigoso que você tem que permanecer consciente. Porém, assim que aprende a dirigir, toda essa consciência já não é mais necessária. A parte robótica de sua mente assume a função.

Isso é o que chamamos de aprendizado. Aprender alguma coisa significa transferi-la da consciência para o robô. É disso que trata todo processo de aprendizagem. Uma vez que você tenha aprendido alguma coisa, ela deixa de fazer parte da consciência e é encaminhada para o inconsciente. A partir daí, o inconsciente se encarrega das ações, e sua consciência fica livre para aprender algo novo.

Na verdade, isto é importantíssimo. Do contrário, você passaria a vida toda aprendendo uma única coisa. A mente é um servo magnífico, é um computador genial. Use-a, mas lembre-se de que ela não deve dominá-lo. Lembre-se de que você deve manter a sua capacidade de estar consciente, de que a mente não pode possuí-lo por completo, de que ela não pode ser tudo o que existe – lembre-se sempre de deixar uma porta aberta por onde você possa sair do automático, do robô.

A abertura dessa porta se chama meditação. Mas não se esqueça: o robô é tão habilidoso que pode colocar até a meditação sob seu controle. Assim que tiver aprendido a meditar, a mente vai dizer: "Agora não se preocupe mais com isso, eu me encarrego de tudo. Pode deixar comigo, eu faço".

E a mente é habilidosa; ela é uma máquina maravilhosa, funciona muito bem. Na realidade, apesar de todos os avanços da ciência, de todo o progresso em termos de conhecimento, até hoje ninguém ainda foi capaz de criar algo tão sofisticado quanto a mente humana. Se comparados à mente humana, os computadores mais fabulosos que existem não passam de mecanismos rudimentares.

A mente é um milagre. Agora, quando alguma coisa é tão poderosa assim, ela também é bastante perigosa. Você pode ficar tão hipnotizado pelo poder dela que acabará perdendo a sua alma. Quando você se esquece, de vez, de estar consciente, o ego é criado. O ego é o estado máximo de inconsciência. É quando a mente tomou posse de todo o seu ser; ela se espalhou em seu interior como um câncer, até não restar mais nada. O ego é o câncer da essência interior, é o câncer da alma.

E só existe um remédio: a meditação. Com ela, você começa a reivindicar alguns territórios conquistados pela mente. É um processo difícil, mas emocionante; difícil, mas encantador; é um processo árduo, sim, mas extremamente desafiador e estimulante. Ela irá trazer uma nova alegria para a sua vida.

Quando recuperar alguns terrenos ocupados pelo robô, você terá uma grande surpresa; verá que está se tornando uma pessoa completamente nova, que todo o seu ser rejuvenesceu – é como se fosse um novo nascimento.

E também ficará surpreso ao perceber que seus olhos veem mais, que seus ouvidos escutam mais, que suas mãos percebem mais, que seu corpo sente mais, que seu coração ama mais – tudo se potencializa. E não só em termos de quantidade, mas também em termos de qualidade. Além de enxergar mais árvores, você as vê de forma mais profunda. O verde das árvores se torna mais verdejante – mais que isso: ele se torna luminoso. E mais: as árvores começam a ganhar uma individualidade própria. E ainda mais: você começa a entrar em comunhão com toda a existência.

Quanto mais territórios são reivindicados, mais psicodélica e colorida se torna a sua vida. Você se transforma num arco-íris, com todo o espectro de cores; você se torna pura música, com todas as notas e tons. Sua vida se enriquece em todos os sentidos, torna-se multidimensional; ela ganha altura, ganha profundidade, ela passa a ter vales deslumbrantes, assim como sublimes picos ensolarados. Você começa a se expandir. Ao reivindicar partes suas que estavam com o robô, você realmente começa a viver. Pela primeira vez, você liga o aparelho do seu próprio ser.

Esse é o milagre da meditação; é algo que você não pode perder.

• • •

Você só pode ser feliz se for você mesmo. Não tem escapatória, é assim que é: a única forma de ser feliz é sendo você mesmo. O problema é que você foi enganado e reprimido por tanto tempo que hoje é muito difícil saber quem você é de verdade. A sociedade se entranhou de forma tão profunda em seu ser que ela acabou se tornando a sua própria consciência.

Seus pais e professores podem até já ter morrido – e, se estiverem vivos, não ficam mais em cima de você o tempo todo –, mas tudo aquilo que lhe ensinaram segue ressoando dentro de você, como suspiros sutis em seu interior. Eles se tornaram a sua própria consciência. A voz de seus pais tornou-se o seu ego. Caso faça algo que lhe desobedeça, imediatamente ela o condenará. Mas, caso faça tudo direitinho, ela o aplaudirá e elogiará. Ou seja, você continua sendo dominado pelos mortos.

Certa vez me contaram uma história sobre um homem chamado Rothstein, que devia 100 dólares a um certo Wiener. Como o prazo para quitar a dívida já havia vencido fazia muito tempo, e Rothstein continuava falido, ele resolveu pegar 100 dólares emprestados de Spevak e, então, pagou a Wiener. Uma semana depois, Rothstein pegou de novo 100 dólares com Wiener e pagou a Spevak. Passou-se mais uma semana, e novamente Rothstein pegou 100 dólares com Spevak para pagar a Wiener. E ele repetiu essa mesma transação diversas vezes, até que, finalmente, um dia Rothstein chamou os dois homens e disse: "Meus amigos, vejam só, todo esse aborrecimento não faz o menor sentido. Por que vocês mesmos não trocam esses 100 dólares a cada semana e me deixam fora disso?!"

E foi exatamente assim que aconteceu com você. Primeiro, sua mãe, seu pai, seus professores e sacerdotes foram colocando coisas na sua mente. Então, chegou um belo dia em que eles lhe disseram: "Agora siga por conta própria. Não interferiremos mais". E o seu ego, então, seguiu atuando como uma espécie de agente invisível.

Lembre-se disso: o ego é o seu cativeiro. Uma pessoa real, autêntica, é consciente, mas não tem nenhum ego. Por outro lado, uma pessoa artificial é inconsciente, mas tem um ego extremamente forte. O ego é algo que você recebe dos outros; a consciência é algo que você mesmo conquista. A consciência é o fruto do seu merecimento, da qualidade de atenção cultivada em seu próprio ser. O ego é aquilo que lhe foi dado pelos outros, por pessoas que simplesmente queriam manipular a sua vida. Eles tinham suas próprias ideias e, para que você as seguisse, eles o manipularam, reprimiram, torturaram. Na verdade, é bem possível que eles mesmos não tenham se dado conta do que faziam, pois, antes, também já haviam sido manipulados e torturados por seus pais.

É dessa forma que o futuro é dominado pelo passado, e o presente é dominado pelos mortos.

Para ser uma pessoa verdadeira, autêntica, é preciso renunciar ao ego. A voz dos pais tem que ser calada.

Algumas falas de Jesus são bastante duras, mas trazem a mais profunda verdade. Ele diz: "A menos que abandone seu pai e sua mãe, você não será capaz de me seguir". Isso parece rude. Sim, a linguagem é dura; mas o que ele diz, na realidade, é o mesmo que estou dizendo – renuncie ao ego. Jesus não está dizendo para desprezar seu pai e sua mãe; o que ele diz é para desprezar a voz de seu pai e de sua mãe dentro de você. A menos que cale essa voz, você nunca será livre; você permanecerá dividido, com muitas vozes em seu interior; você nunca se tornará inteiro.

$$\bullet \ \bullet \ \bullet$$

A mente está sempre no passado ou no futuro. Ela não consegue estar no presente, é absolutamente impossível para ela estar no presente. Quando você está no presente, a mente não está – porque está pensando. E como seria possível pensar sobre o presente? Você pode pensar a respeito do passado, pois ele já se tornou uma parte de sua memória, a mente consegue refletir sobre ele. Você também consegue pensar a respeito do futuro, pois, como ele ainda não existe, a mente pode fantasiar sobre ele. A mente é capaz de fazer duas coisas: ou ela vai para o passado, onde existe espaço suficiente para ela se mover, com toda a vastidão do passado, que se estende indefinidamente; ou ela vai para o futuro, onde também existe uma vastidão sem fim, um espaço infinito para se fantasiar. Mas como é que a mente poderia funcionar no presente? É impossível; não existe espaço no presente para que ela possa se mover. O presente é só uma linha divisória, nada mais. Não existe espaço nenhum ali. Ele apenas separa o passado do futuro; é uma linha divisória. Você pode *estar* no presente, mas não pode pensar sobre ele. Para pensar, é preciso haver espaço; os pensamentos precisam de espaço, eles são como coisas – lembre-se disso: os pensamentos são coisas sutis, são coisas materiais. Eles não são algo espiritual, porque a dimensão espiritual começa justamente onde cessam os pensamentos. Os pensamentos são coisas materiais, muito sutis, mas ainda assim materiais; e tudo aquilo que é material precisa de espaço. É impossível pensar no momento presente; assim que começa a pensar, você já está no passado.

Por exemplo, você está vendo o sol nascer, e diz: "Que lindo amanhecer!" – pronto, já é passado. Quando o sol está nascendo, não existe espaço nem para dizer "Que lindo!", pois, tão logo pronuncie essas duas palavras, "Que lindo!", a experiência já virou passado, a mente já a guardou na memória. Procure compreender: no momento exato em que o sol está nascendo, no momento preciso em que ele desponta no céu, como seria possível pensar? O que você poderia pensar? Você pode *estar* com o sol nascente, mas não pode pensar sobre ele. Sim, para *você* há espaço suficiente, mas não para os pensamentos.

Você vê uma linda flor no jardim e diz: "Que rosa linda!" – e, nesse exato momento, você já não está mais com a rosa; ela já se tornou uma lembrança. Quando a flor está lá, e você também está, ambos presentes um ao outro, como você poderia pensar?

O que poderia pensar? Como seria possível algum pensamento? Não existe espaço para isso. O espaço é tão reduzido – na verdade, não existe espaço nenhum – que você e a flor sequer conseguiriam existir como dois seres distintos; não há espaço suficiente para dois, apenas um pode existir.

Por isso, no estado profundo de presença, você se torna a flor, e a flor se torna você. Para a mente, você é só um pensamento, assim como a flor também é um pensamento. Porém, quando não há pensamentos, quem é a flor e quem é aquele que observa? O observador se torna a coisa observada. De repente, todas as fronteiras desaparecem. Você entrou profundamente na flor, e a flor entrou profundamente em você. E, subitamente, vocês deixam de ser dois – existe apenas um.

Agora, se começar a pensar, vocês voltam a ser dois novamente. Se você não pensar, onde está a dualidade? Quando você existe com a flor, sem pensar, acontece um diálogo; e não um "duólogo", porque não há dois. Quando você existe com a pessoa amada, acontece um diálogo, e não um "duólogo", pois não existem dois seres ali. Quando você se senta ao lado da pessoa amada, de mãos dadas, você simplesmente existe. Você não pensa no passado, nos dias que já se foram; não pensa no futuro que vem pela frente, se aproximando – você simplesmente está aqui, agora. E é tão bonito estar aqui e agora, tão intenso; nenhum pensamento consegue penetrar nessa intensidade. É uma porta muito estreita – a porta do presente é muito estreita. Dois seres não conseguem passar por ela ao mesmo tempo; apenas um. No presente, é impossível pensar, é impossível fantasiar, porque fantasiar não é nada mais do que pensar por meio de imagens. Ambos são coisas, ambos são materiais.

Quando você está no momento presente, sem pensar, você se torna espiritual pela primeira vez. E uma nova dimensão se abre: a dimensão da consciência.

• • •

Nenhum texto sagrado pode decidir o que é certo e o que é errado. As circunstâncias mudam a cada momento, e, a cada instante, você tem que tomar uma nova decisão, seja ela certa ou errada. Preceitos mortos não podem ajudá-lo, eles são inúteis. Apenas a consciência viva pode ajudá-lo, e nada mais.

Somente um cego fica perguntando coisas como "Onde está a porta?", "Devo ir para a direita ou para a esquerda?" Quando se tem olhos, não é preciso perguntar "Onde está a porta?" – pois você pode vê-la. Na verdade, não há necessidade sequer de pensar na localização da porta; quando quer sair, você simplesmente sai, pois você vê.

A consciência lhe dá olhos.

O ego só lhe dá palavras.

O tempo todo, os pais ficam inculcando nos filhos a ideia de que "isto é sua responsabilidade". Mas, na verdade, eles deram um sentido totalmente distorcido à palavra "responsabilidade".

Vou dizer mais uma vez: "responsabilidade" significa simplesmente "capacidade de responder" (*response-ability*). Divida a palavra em duas; em vez de "responsabilidade" (*responsibility*), "capacidade de responder" (*response-ability*) – é a sua habilidade de responder. Isso significa que você tem que renunciar ao ego, a tudo aquilo que os outros lhe disseram que é certo ou errado. É possível até que essas coisas tenham sido certas ou erradas para eles, mas você não tem nada a ver com isso.

Descarte o seu ego, que é algo que lhe foi imposto; e procure estar consciente diante de todas as situações que se apresentarem. A cada momento, uma nova situação se apresenta para você; torne-se consciente dela e, a partir dessa consciência, tome uma atitude.

Qualquer coisa que você fizer a partir desse estado de consciência está certa. E qualquer coisa que fizer inconscientemente está errada.

Ou seja, o ato, em si, não é certo nem errado. Tudo depende de você – do seu estado de consciência, do nível de consciência que você coloca no ato. A partir daí, tudo ganha uma perspectiva diferente. A consciência é a verdadeira magia.

• • •

Não se preocupe com os outros – o problema deles não é seu. Pare de julgá-los, isso não é da sua conta. A questão primordial é: qual critério você aplica a si mesmo?

As pessoas sempre me pedem para não criticar as religiões. O problema é que todas elas lhe deram dogmas, ideias imutáveis para julgar os outros, e a vida nunca é imutável. Além disso, as religiões nunca lhe mostraram como chegaram às verdades que saem pregando por aí, de que isto é certo e aquilo é errado. Esses conceitos simplesmente foram passados de geração a geração.

Eu não digo o que é certo e o que é errado. O que faço é lhe dar um critério para que, diante de qualquer situação que se apresentar, você seja capaz de julgar, por si mesmo, o que é certo ou errado para aquela situação específica. É incrível como uma coisa tão simples tem passado despercebida há milhares de anos. Talvez o motivo seja justamente o fato de ela ser tão simples e óbvia. Todos os chamados grandes pensadores, filósofos e teólogos não passam de sonhadores fantasiosos. Eles não conseguem ver aquilo que está diante do próprio nariz, pois seus olhos estão fixos em coisas distantes, num Deus imaginário, num paraíso após a morte.

Eu não ligo para os seus deuses, não me importo com o que vai acontecer com você após a morte. A minha preocupação é com o que acontece com você neste exato momento, com o que acontece com a sua consciência. Porque a sua consciência vai estar sempre com você, seja onde for, mesmo após a morte. A sua consciência é quem, eternamente, conduz a luz que lhe permite distinguir o que é certo do que é errado.

Tudo aquilo que o torna mais atento, mais consciente, mais pacífico, mais silencioso, mais alegre, mais festivo é bom. Tudo aquilo que o torna inconsciente, triste, ciumento, bravo, destrutivo é ruim.

Não estou lhe dando uma lista do que é certo e do que é errado. Estou simplesmente lhe dando clareza para que, em cada momento de sua vida, você possa avaliar as coisas por conta própria, sem ter que consultar os dez mandamentos, o *Srimad Bhagavad Gita*, ou ter que perguntar aos mortos.

Por que você não pergunta à fonte viva que habita o seu próprio ser?

O único livro sagrado que existe no mundo é você.

A menos que tenha clareza desse fato tão simples e óbvio, você vai passar a vida só tentando. Cada momento traz uma nova oportunidade. E você vai perceber que o seu critério pessoal sempre é o mais válido, sem ter necessidade de que os mortos lhe ditem nada. O seu próprio entendimento vai se transformando a cada momento.

Não dê ouvidos a ninguém, exceto à sua própria consciência.

Quando você fica com raiva, por exemplo, você perde a consciência, volta a agir inconscientemente. A raiva o envolve como uma nuvem negra. Você é capaz de cometer um assassinato, é capaz destruir uma vida. Por outro lado, quando você está amando, os sinos da alegria repicam em seu coração. Você sente a sua consciência se elevar. Mas se, ao amar, você também perde a consciência, se fica inconsciente de novo, preste bastante atenção: aquilo que você está chamando de amor é apenas luxúria. E esse tipo de amor não é uma coisa boa, pois não irá ajudá-lo a crescer, a se expandir, a alcançar a realização do seu potencial.

Tudo aquilo que o ajuda a realizar plenamente o seu potencial é uma coisa boa. Não só é uma bênção para você como é uma bênção para toda a existência. Nenhuma pessoa é uma ilha.

Todos nós somos um vasto e infinito continente que se une pelas raízes. Nossos galhos podem até estar separados, mas a nossa raiz é uma só.

A realização do seu potencial é a única moral que existe. E o único pecado, o único mal é este: desperdiçar o seu potencial, caindo na escuridão e na inconsciência.

Ser pleno é ser inteiro

O ser humano está dividido. A esquizofrenia é o estado natural do ser humano – ao menos atualmente. Talvez não tenha sido assim no mundo primitivo, mas séculos de condicionamentos, civilização, cultura e religião transformaram o homem numa multidão – dividida, separada, contraditória. Uma parte vai numa direção, a outra vai exatamente na direção oposta; é quase impossível manter-se inteiro. Na verdade, é um milagre que o homem continue existindo. A uma altura dessas, já era para ele ter desaparecido há muito tempo. Porém, como esse estado de separação é contrário à sua natureza, bem lá no fundo, escondida em alguma parte, a unidade ainda sobrevive. Porque, em essência, a alma do homem é uma unidade; todos os condicionamentos conseguem, no máximo, destruir a periferia do homem. O centro permanece intacto – é por isso que o ser humano ainda continua vivo. O problema é que a sua vida se tornou um inferno.

Todo o propósito do zen está em descobrir um meio de acabar com essa esquizofrenia, com essa personalidade dividida, com essa mente cindida do homem; está em achar um meio de sermos inteiros, integrados, centrados, realizados.

Da forma como você é hoje, não se pode dizer realmente que seja alguém. Você não tem um ser. O seu interior parece uma feira livre, com centenas de vozes falando ao mesmo tempo. Quando você quer dizer "sim", imediatamente vem o "não". Você não consegue articular com inteireza nem uma palavra simples como "sim". Observe… diga "sim", e veja como, lá no fundo, também brota um "não". Você não dá conta de dizer uma palavra tão simples como "sim" sem que, ao mesmo tempo, se contradiga internamente.

É impossível ser feliz assim; a infelicidade é uma consequência natural da personalidade dividida – infelicidade porque você está o tempo todo em conflito consigo mesmo. Não é que você esteja em guerra com o mundo; você está continuamente em guerra consigo mesmo. Como poderia haver paz assim? Como poderia haver silêncio? Como você conseguiria relaxar ao menos um instante? Você não se permite sequer um momento de paz. Mesmo quando está dormindo, você sonha com mil e uma coisas, fica se mexendo de um lado para o outro – é um conflito permanente. Você é um campo de batalha.

Você diz "Eu te amo" para alguém e, quanto mais você diz, mais tem que repetir. É como se houvesse alguma desconfiança por trás. Se você realmente ama, não é preciso dizer nada, as palavras não importam. Pois todo o seu ser mostra o seu amor; seus olhos revelam o seu amor. Não há nenhuma necessidade de falar, de ficar repetindo o tempo todo. Você só repete para convencer a outra pessoa e, ao mesmo tempo, convencer a si mesmo – porque, bem lá no fundo, o que se esconde é apenas ciúme, possessividade, ódio, desejo de dominar, e uma profunda disputa de poder.

Imagine só, em suas epístolas, o apóstolo Paulo repete as palavras "em Cristo" nada menos que 164 vezes. Ou seja, ele deveria ter alguma dúvida em relação a isso. "Em Cristo... em Cristo... em Cristo..." – 164 vezes! É demais. Bastaria ter dito uma vez. Aliás, nem isso seria necessário. O seu ser é quem deveria mostrar que você vive em Cristo – daí, não seria preciso dizer nada.

Preste atenção: sempre que repetir algo muitas vezes, volte-se para dentro. Você deve estar escondendo alguma coisa. Só que tem um detalhe: é impossível dissimular; o problema é esse. Seus olhos revelarão que existe algo oculto por trás.

Repare como, às vezes, você chega à casa de alguém e essa pessoa lhe dá as boas-vindas. Porém, a presença dela não transmite nada de hospitaleiro. Ela diz: "Estou muito feliz em vê-lo, que alegria". Mas não se percebe essa alegria em lugar nenhum. Na verdade, parece que a pessoa está ansiosa, preocupada, apreensiva; ela olha para você como se algum problema tivesse chegado até sua casa. E você já notou o modo como as pessoas lhe dizem "Fique à vontade, sente-se onde quiser" e, ao mesmo tempo, já vão lhe indicando um lugar para sentar? Elas dizem "Sente-se onde quiser", mas, com um gesto sutil, sinalizam "Sente-se aqui". Elas se contradizem o tempo todo.

Os pais sempre dizem aos filhos: "Seja você mesmo" – só que, ao mesmo tempo, ficam lhes ensinando como devem ser. "Seja independente" – e, ao mesmo tempo, obrigam a criança a ser obediente. Eles têm as suas próprias ideias a respeito de como a criança deve ser; assim, quando dizem "Seja você mesmo", na realidade estão dizendo "Seja aquilo que nós queremos que seja" – eles não querem dizer: "Seja você mesmo".

O tempo todo existe alguma coisa por trás; e isso que está oculto ninguém consegue realmente esconder. Acontece que o homem foi muito esperto em relação a isso também, e logo criou um truque: nós não nos olhamos nos olhos, pois os olhos revelam a verdade. Evitar o contato dos olhos é até uma norma de etiqueta. Se você olhar demais para os olhos de alguém, vão achar que você é mal-educado, indiscreto, invasivo. Afinal, é muito difícil enganar com os olhos. Com a língua é muito mais fácil, porque a linguagem é só um subproduto da vida social. Mas os olhos pertencem ao seu ser. Você diz alguma coisa, mas seus olhos expressam algo diferente. Por isso, em todas as sociedades do mundo, as pessoas evitam o contato dos olhos. Os olhares não se encontram – pois isso significaria ter que encarar a verdade.

Procure observar essas contradições em seu próprio interior, isso vai ajudá-lo bastante. Você só vai conseguir estar em paz quando o seu interior for igual ao seu exterior, quando o que está fora for igual ao que está dentro. Em locais como o Tibete e o Egito, dizem: "O que está no alto é como o que está embaixo". O zen diz: "Assim como é dentro, é fora".

A menos que o seu interior seja como o seu exterior, você nunca estará em paz, porque a periferia do seu ser vai estar sempre em conflito com o centro. E a grande questão é que a periferia nunca vai ganhar – somente o centro pode ganhar. Mas a periferia pode ficar atrasando, protelando; ela pode fazer com que você perca tempo, vida e energia. Se continuar vivendo só na periferia, apenas fingindo, sem realmente viver, você terá muitos rostos, mas nenhum deles será o seu rosto verdadeiro.

• • •

Certa vez, mulá Nasrudin foi resgatado do rio pela polícia, no que parecia ser uma tentativa de suicídio. Quando o interrogaram na delegacia, ele admitiu que tentara se matar. E esta foi a história que contou:

"Sim, eu tentei me matar. Como o mundo todo está contra mim, quis acabar logo com isso. E decidi que não deixaria nada pela metade. Por isso, comprei uma corda, fósforos, querosene e um revólver – e ainda fui até o rio, caso nada disso funcionasse. Chegando lá, amarrei a corda num galho que pendia sobre o rio, fiz um laço em volta do pescoço, despejei querosene sobre todo o meu corpo e ateei fogo. Imediatamente, pulei da ribanceira, apontei o revólver para minha cabeça e puxei o gatilho.

"Mas adivinhem o que aconteceu! Eu errei o tiro – a bala arrebentou a corda antes que eu fosse enforcado, acabei caindo no rio e, daí, a água apagou todo o fogo antes que eu pudesse ser queimado. Vejam vocês, se eu não fosse um nadador tão bom, teria acabado me afogando como um idiota!"

É assim que são as coisas... Você quer fazer algo e, ao mesmo tempo, não quer fazer. Segue adiante, e não quer seguir. Vive, e não quer viver. Você chega até a tentar o suicídio e, no entanto, não quer se matar. É por isso que, de cada dez tentativas de suicídio, apenas uma se concretiza. Mesmo essa que dá certo deve ser por algum erro de cálculo. De cada dez tentativas, nove falham. As pessoas são muito contraditórias. Elas simplesmente não sabem como fazer alguma coisa com inteireza. E é natural que seja assim. É compreensível que não consigam cometer suicídio de forma plena, pois nunca viveram de forma plena em sua vida. Elas não sabem o que é inteireza. Elas nunca fizeram uma única ação com todo o seu ser. Sempre que uma ação é feita de forma plena, com inteireza, ela liberta; sempre que é feita com indiferença, ela só gera conflito – torna-se destrutiva, dissipa sua energia, cria amarras, escraviza.

Na Índia, existe a palavra "carma" – que se refere à causa de todas as amarras. Mas o carma só se manifesta como tal quando a ação é feita com indiferença, pela metade, sem inteireza – então ela o aprisiona. Quando a ação é feita com inteireza, não existe prisão, não se criam amarras. Qualquer ato feito com totalidade torna-se completo – você o transcende tão logo o realiza, você nunca olha para trás. Qualquer momento vivido com plenitude não deixa nenhuma marca em você, nenhum rastro – você permanece intacto. Sua memória permanece limpa, sem cargas psicológicas para você carregar. Não ficam feridas.

Por exemplo, se você tiver amado uma pessoa de forma plena, quando ela morrer não restarão feridas para se curar. Porém, se você não a tiver amado com inteireza, depois que ela morrer continuará viva em sua memória. Então, vai ser a hora de você chorar e de se lamentar, pois irá se arrepender. Você teve todo o tempo do mundo, teve todas as oportunidades para amá-la, mas não o fez. E agora não existe mais nenhuma chance, pois essa pessoa já não existe mais. Já não há mais como viver o seu amor.

Ninguém chora e se lamenta por causa da morte de alguém – você chora e se lamenta por causa da perda da oportunidade de amar. Imagine que sua mãe morra. Se você realmente a amou, de forma plena, inteira, então a morte se torna algo bonito, não há nada de errado. Você se despede de sua mãe e não carrega nenhuma ferida consigo. Claro, pode haver tristeza – afinal, ela habitou seu coração por tanto tempo e, agora, não vai estar mais aqui –, mas será apenas um sentimento passageiro. Pois você não carrega feridas abertas, não fica chorando o tempo todo, não se apega ao passado. Você fez tudo o que podia, você a amou, a respeitou – e agora acabou. Você aceita a transitoriedade da vida. Um dia você também vai morrer. A morte é algo natural, e existe uma total aceitação disso.

Quando você não consegue aceitar a morte, significa simplesmente que a sua vida foi carregada de contradição. Você amava, mas, ao mesmo tempo, ficava se segurando. Essa é a causa do problema.

Por exemplo, quando você aprecia a sua comida, você não pensa mais sobre isso. Terminada a refeição, ponto-final – você não fica mais pensando nela. Agora, quando se alimenta de forma inconsciente, sem estar presente, quando fica pensando em milhares de coisas enquanto está à mesa – quando está ali apenas fisicamente, pois sua mente está em outro lugar –, nesse caso você continuará pensando em comida. A comida vai se tornar uma obsessão.

É por isso que o sexo se tornou uma obsessão no Ocidente. Você está fazendo amor com alguém, mas sua mente está em outro lugar. Sua ação não é plena, não é orgástica, você não se entrega – daí surge a compulsão, a avidez. E você tenta satisfazer essa avidez, esse desejo insaciável, de todas as formas possíveis: por meio de filmes, de todo tipo de pornografia e, ainda, da fantasia, que é o seu cineminha particular. Você passa o tempo todo criando fantasias com mulheres. Porém, quando uma mulher de verdade está na sua frente, pronta para amá-lo, você não está presente. Sua relação com as mulheres é apenas na fantasia.

É uma situação lastimável. Enquanto está se alimentando, você não fica presente; daí, passa o resto do tempo pensando em comida, sonhando acordado com belas refeições. Isso só acontece porque você não se coloca plenamente na ação, você está sempre dividido. Enquanto faz amor, você fica pensando em *brahmacharya*, no celibato. Então, quando está praticando a castidade, fica pensando em fazer amor. Você nunca está em sintonia consigo mesmo, nunca está em harmonia.

E você passa a vida fingindo que está tudo bem; tudo para não ter que encarar o problema.

Certa vez me contaram sobre um casal na Polônia que era famoso por ser o casal mais perfeito que já existiu. Já estavam casados fazia sessenta anos e não haviam brigado sequer uma vez. A mulher nunca tinha resmungado com o marido, e este nunca tinha sido grosseiro com a esposa. Eles haviam convivido sempre na mais completa paz – ao menos é o que parecia ser.

Chegou, então, o dia em que eles celebrariam o aniversário de sessenta anos de matrimônio. E um jornalista apareceu para entrevistá-los:

"Quantos anos tem sua esposa?", perguntou o repórter.

"Ela tem 87 anos", respondeu o marido. "E, se Deus quiser, vai viver até os 100."

"E o senhor, quantos anos tem?"

"Tenho 87 também. E, se Deus quiser, vou viver até completar os 101 anos."

"Mas por que o senhor gostaria de viver um ano a mais do que sua mulher?", quis saber o jornalista.

"Para ser realmente sincero, eu gostaria de ter pelo menos um ano de paz."

As aparências enganam – e muito. Elas podem até lhe dar um ar respeitável, mas nunca poderão lhe dar alegria. E mais dia, menos dia, de uma forma ou de outra, a verdade encontrará um meio de vir à tona.

A verdade não pode ser escondida para sempre. Se fosse possível ocultá-la eternamente, então não se trataria da verdade. Na própria definição de "verdade", deveríamos incluir o fato de que a verdade sempre encontra uma forma de aflorar. É impossível escondê-la indefinidamente. Uma hora ou outra, consciente ou inconscientemente, ela vem à luz e se revela.

A verdade é tudo aquilo que se revela. E as mentiras são justamente o contrário. Você não consegue fazer com que uma mentira pareça ser verdade eternamente. Um dia a verdade virá à tona, e a mentira estará ali, completamente exposta à sua própria condenação.

Você não pode evitar a verdade. O melhor a fazer é encará-la, é aceitá-la, é vivê-la plenamente. Assim que você começa a viver uma vida verdadeira, autêntica – a vida do seu "rosto original" –, todos os problemas começam a desaparecer, pois o conflito desaparece, você já não está mais dividido. A sua voz ganha unidade, todo o seu ser se transforma numa orquestra.

• • •

Quando as pessoas me procuram, muitas vezes eu lhes pergunto: "Como você está?" E elas respondem: "Estou muito feliz". Mas nunca consigo acreditar, pois todas elas têm um semblante apagado – não existe alegria, não há encantamento! Não há nenhum brilho em seus olhos, nenhuma luz. Mesmo quando dizem "Estou muito feliz", a própria palavra "feliz" não soa lá muito feliz; ela soa arrastada, como se exigisse um grande esforço para ser pronunciada. O tom de voz, o rosto, a forma como estão sentadas ou de pé – tudo nelas contradiz o que estão dizendo, tudo diz o contrário. Comece a observar as pessoas. Quando disserem que estão felizes, observe. Busque alguma pista. Elas estão realmente felizes? Imediatamente você vai perceber que algo nelas está dizendo o oposto, que elas dizem uma coisa, mas sentem outra.

Então, pouco a pouco, comece a observar a si mesmo. Sempre que disser que está feliz, mas não estiver, você vai notar uma alteração na sua respiração. Ela não vai estar natural. É impossível. Porque a verdade era esta: você não estava feliz. Se tivesse dito "Estou triste", a sua respiração teria continuado natural, pois não haveria nenhum conflito. Mas quando você diz "Estou feliz" é porque está reprimindo algo; alguma coisa estava tentando aflorar, e você a sufocou. Exatamente aí, nesse esforço de se reprimir, a sua respiração se altera; ela deixa de ser ritmada. Seu rosto perde a graça, seu olhar se torna frio, calculista.

No começo, observe os outros, pois é bem mais fácil. Dá para ser mais objetivo em relação a eles. Então, quando tiver descoberto algumas pistas a respeito deles, use-as para avaliar a si mesmo. Preste atenção: quando você fala a verdade, a sua voz tem uma tonalidade musical; por outro lado, quando você está mentindo, a sua voz fica desafinada, como se tivesse uma nota dissonante. Quando diz a verdade, você é uma unidade, um ser inteiro; quando mente, você fica dividido, surge um conflito.

Procure observar essas sutilezas, pois elas são o espelho do seu real estado de unidade, elas lhe permitem perceber se você está realmente inteiro, ou não. Sempre que está em unidade, inteiro, em uníssono consigo mesmo, você, na hora, percebe que está feliz. Esse é o significado da palavra *yoga*. É isso que se entende por um *yogui*: uma pessoa que está em unidade, em harmonia consigo mesma; uma pessoa cujas partes são todas inter-relacionadas, interdependentes, sem contradições ou conflitos, que estão em paz umas com as outras. Existe uma profunda amizade interior em seu ser – essa pessoa é inteira.

Às vezes, em algum momento raro, especial, você consegue se sentir inteiro. Por exemplo, quando está contemplando o oceano, com toda a sua imensidão primitiva – de repente, você se esquece do seu estado de separação, da sua esquizofrenia, e consegue relaxar. Ou quando você está no Himalaia, contemplando a neve imaculada dos cumes, subitamente você sente um frescor a seu redor, sente que não precisa ser falso, pois não há nenhum outro ser humano para quem mentir. Você sente a sua própria unidade. Ou quando escuta uma música que o encanta, você volta para a unidade.

Em qualquer momento ou situação em que se sinta inteiro, você se sentirá rodeado de paz, felicidade e bem-aventurança. Você se sentirá pleno.

Agora, não é preciso ficar esperando que esses momentos especiais aconteçam – você pode fazer com que eles se tornem a sua própria vida cotidiana. Todos esses momentos extraordinários podem se tornar a coisa mais comum em sua vida – nisso consiste todo o propósito do zen. Você pode viver uma vida extraordinária em meio à vida mais simples, em meio às coisas mais banais: cortar lenha, pegar água no poço, limpar o chão, cozinhar, lavar roupa – tudo isso pode deixá-lo tremendamente em paz e bem consigo mesmo. Porque tudo é uma questão de fazer as coisas com totalidade, desfrutando o que se faz, se encantando com isso.

● ● ●

A vida pode ser vivida de duas maneiras: como um cálculo ou como poesia. Em seu interior, o ser humano traz dois aspectos distintos: o lado calculista, que cria a ciência, os negócios, a política; e o lado não calculista, que cria a poesia, a escultura, a música. No entanto, até hoje não existe uma ponte que ligue esses dois hemisférios, eles têm uma existência separada. Por conta disso, a vida do ser humano é extremamente empobrecida, desnecessariamente desequilibrada – esses dois lados precisam ser unidos.

Na linguagem científica se diz que o cérebro tem dois hemisférios. O hemisfério esquerdo são os cálculos, a matemática, a prosa; e o hemisfério direito são a poesia, o amor, a canção. Um dos lados é a lógica, o outro é o amor. Um lado é puro silogismo, o outro, pura canção. Mas não existe uma ponte que una esses dois lados, eles não conversam entre si – por isso o ser humano vive dividido.

O meu propósito é unir esses dois hemisférios. Naquilo que se refere ao mundo objetivo, o ser humano deve ser tão científico quanto possível; e naquilo que se refere ao mundo das relações, ele deve ser tão musical quanto possível.

Fora de você, existem dois mundos. Um é o mundo dos objetos: sua casa, seu dinheiro, seus móveis. O outro é o mundo das pessoas: sua esposa, seu marido, sua mãe, seus filhos, seu amigo. Com os objetos, seja científico; mas nunca seja científico com as pessoas. Quando você é científico com as pessoas, você as reduz a meros objetos, e esse é o maior crime que se pode cometer. Se tratar a sua esposa como uma coisa, como um simples objeto sexual, você estará agindo de forma absolutamente detestável. Se tratar o seu marido apenas como uma forma de sustento financeiro, um meio de subsistência, você estará sendo imoral, a própria relação será imoral – será como prostituir-se, nada mais do que pura prostituição.

Não trate as pessoas como se fossem meios para atingir algum fim; as pessoas são fins em si mesmas. Relacione-se com elas – com amor, com respeito. Nunca as possua, e nunca se deixe possuir por elas. Não seja dependente delas, e não faça com que ninguém a seu redor se torne dependente de você. Não crie nenhuma forma de dependência; permaneça independente, e deixe que as pessoas também permaneçam independentes.

Isso é música. É isso que eu chamo de dimensão musical. Se você puder ser tão científico quanto possível em relação aos objetos, sua vida será rica e próspera. Se puder ser tão musical quanto possível nas relações, sua vida será de pura beleza. E existe ainda uma terceira dimensão, que está muito além da mente. As dimensões científica e artística pertencem à mente, mas existe uma terceira dimensão, que é invisível: a dimensão da não mente. Essa dimensão pertence ao mistério – uma dimensão que pode ser alcançada através da meditação.

Assim, é preciso lembrar estas três palavras, os três "M": "matemática", no primeiro nível; "música", logo acima; e "meditação", o nível mais elevado. Um ser humano perfeito é assim: matemático em relação aos objetos; estético, poético, musical em relação às pessoas; e meditativo em relação a si mesmo. Quando essas três esferas se encontram, brota a mais pura alegria.

Essa é a verdadeira trindade, *trimurti*. Na Índia, todos os lugares onde três rios se encontram são considerados sagrados – chamamos esses locais de *sangham*, o ponto de encontro. E o mais importante de todos fica na cidade de Prayag, onde se reúnem três rios: o Ganges, o Jamuna e o Saraswati. Agora, tem um detalhe: o Ganges e o Jamuna você consegue ver, mas o rio Saraswati é invisível, você não pode vê-lo – ele é uma metáfora! Ele simplesmente representa, de forma simbólica, o encontro das três esferas em seu interior. Você pode ver a matemática, pode ver a música, mas não pode ver a meditação. Você consegue ver o cientista, seu trabalho está lá fora. Pode ver o artista, sua obra também está lá fora. Mas é impossível ver o místico, pois sua obra é subjetiva. Isso é Saraswati – o rio invisível.

Lembre-se: você mesmo pode se tornar um espaço sagrado, sacralizando esse corpo, sacralizando essa terra – esse próprio corpo, o Buda; essa mesma terra, o paraíso de lótus. Essa é a síntese suprema de tudo o que Deus é.

Deus só pode ser conhecido quando você tiver chegado a essa síntese; caso contrário, você pode até acreditar em Deus, mas nunca o conhecerá. A crença serve unicamente para camuflar a sua ignorância. Sabedoria é transformação; só a sabedoria traz compreensão. Mas sabedoria não é informação: a sabedoria é a síntese, é a integração de todo o seu potencial.

Quando o cientista, o poeta e o místico se reúnem, tornando-se apenas um – quando essa grande síntese acontece, e as três faces de Deus se manifestam em você –, então *você* se torna um deus. Daí você pode declarar: "*Aham Brahmasmi*! – Eu sou Deus!" Daí pode dizer aos quatro ventos, à lua, ao sol e à chuva: "*Ana'l Haq*! – Eu sou a verdade!" Antes disso, você é só uma semente.

Quando essa síntese acontece, você finalmente desabrocha e floresce; você se transforma no lótus de mil pétalas, na flor de ouro, na eterna flor de lótus que nunca fenece: "*Aes Dhammo Sanantano* – Esta é a lei eterna". Esta é a lei infinita que todos os budas vêm ensinando ao longo dos tempos.

• • •

O ser humano não é meditativo porque a sociedade o força a ser essencialmente mental; ela o obriga a estar sempre em determinado estado de espírito, ou seja, em determinado estado mental, e não em um estado meditativo.

Imagine um mundo em que as pessoas fossem meditativas. Seria um mundo bem mais simples, sim, mas tremendamente mais belo. Seria mais silencioso. Não haveria crimes, tribunais, ou qualquer tipo de politicagem. Seria uma grande e amorosa irmandade, uma imensa comunidade de pessoas satisfeitas consigo mesmas. Nem mesmo Alexandre, o Grande, conseguiria lhes dar um presente maior.

Quando você precisa buscar fora de si mesmo por algo que lhe traga satisfação, acaba tendo que se submeter à mente. Agora, quando abandona todas essas ambições e se concentra mais no seu próprio crescimento interior, quando se preocupa mais com o despertar de sua essência interior, de modo que ela flua através de seu ser e alcance as outras pessoas, quando aquilo que mais lhe importa é o amor, a compaixão, a paz... aí, sim, você se torna um ser meditativo.

Agora, preste atenção para não fazer disso um grande movimento, uma grande empreitada de salvação coletiva. Pelo contrário. Lembre-se de que a mente é muito astuta. Ela acabaria fazendo com que você se esquecesse de sua própria meditação e se preocupasse apenas em fazer o seu movimento crescer, em torná-lo algo mundial, que atraísse mais e mais pessoas para a meditação – "Se elas não quiserem meditar, obrigue-as". Acontece que isso já foi feito antes; toda a história da humanidade é uma prova disso.

Sempre que você pensa em meditação, a mente deturpa o assunto de uma tal maneira que você nem percebe que o foco mudou. A mente vai começar a criar um grande movimento de meditação, vai querer mudar o mundo todo, mas se esquecerá completamente da meditação em si. Afinal, como haveria tempo para meditar? Você está fazendo uma revolução que vai transformar todo o planeta.

Na realidade, a mente é tão ardilosa que chega até a condenar as próprias pessoas que meditam. Ela diz: "Veja como elas são egoístas, preocupam-se apenas consigo mesmas. Enquanto isso, o mundo todo está morrendo! As pessoas precisam de paz; elas estão angustiadas, vivendo no inferno, e você fica aí, tranquilo, sentado silenciosamente a meditar. Isso é puro egoísmo!"

A mente é muito astuta. É preciso estar sempre muito atento. Diga a ela: "Não mude o foco. Em primeiro lugar, preciso meditar, pois não posso compartilhar aquilo que não tenho. Não posso compartilhar a meditação, o amor, a alegria – não posso compartilhar nada que eu ainda não possua. Por ora, sou um mendigo; poderia apenas fingir que sou um imperador".

E tem mais um detalhe: todo esse movimento grandioso, toda essa falsidade não conseguiriam durar muito tempo. As pessoas logo perceberiam e começariam a dizer: "Esse homem é um hipócrita. Ele também está angustiado, cheio de preocupações; ele leva uma vida miserável, sofre como um condenado, mas fica nos falando em transformar o mundo num paraíso!"

Por isso, esqueça essa história toda. Tudo isso é apenas a sua mente tentando mudar o foco. Primeiro vem a meditação; então, a partir dela, começa a surgir uma luz, uma fragrância, começam a brotar palavras vivas, palavras impregnadas de autoridade. E pode até ser que essas palavras ajudem as outras pessoas, mas isso será apenas uma consequência, e não o objetivo da sua meditação. A transformação de outras pessoas através da meditação é uma consequência, e não uma meta. O seu próprio ser se torna uma luz, e isso serve de inspiração para que muitas pessoas sedentas por isso também iluminem a sua própria vida. Você se torna um exemplo, e é esse exemplo que, por si mesmo, acaba gerando um movimento maior.

Agora, é preciso atenção para um outro aspecto: na busca pelo seu próprio ser, também existe o risco de que você priorize o seu interior em detrimento do exterior – nesse caso, o seu recolhimento acaba sendo um movimento esquizofrênico, pois você fica inclinado apenas para um lado, você perde o equilíbrio.

Equilíbrio é saúde. Perder o equilíbrio significa perder a saúde. E equilíbrio é sanidade – se perder o equilíbrio, você enlouquece. O medo está sempre presente; e o perigo também. É a mente quem cria o perigo.

A coisa mais fácil para a mente é trocar uma doença por outra. Por exemplo, imagine um sujeito completamente obcecado por mulheres, que passa o tempo todo pensando em sexo. Pois bem, chega um dia em que ele se cansa, fica farto dessa história toda. Esse homem então vai cair no extremo oposto: vai começar a pensar no celibato, em se tornar um monge católico ou algo parecido.

Esse tipo de postura é um perigo. É como se uma pessoa que come exageradamente resolvesse de uma hora para outra fazer jejum. Comer em excesso é ruim, mas jejuar também não é uma maravilha. Na verdade, se ficar se entupindo de comida, você nem vai morrer tão cedo; é bem provável que fique mais pesado, gordo e feio, mas, mesmo assim, continuará vivendo. Agora, se jejuar, acabará morrendo em poucas semanas; é impossível viver mais do que três meses em jejum. Ou seja, as duas coisas são perigosas.

Comer em excesso é um comportamento neurótico. E jejuar é a neurose oposta, mas não deixa de ser uma neurose. Siga uma dieta equilibrada. Coma apenas o quanto é necessário para o seu corpo; não fique se empanturrando de comida. Veja só como as coisas acontecem: sempre que uma sociedade se torna muito rica, o jejum se transforma numa espécie de culto. Uma das classes mais abastadas na Índia é a dos jainistas – e o jejum é o seu culto, jejuar é a sua religião. Quando os Estados Unidos se tornaram um país bastante rico, virou moda fazer jejum. Era quase impossível encontrar alguma mulher que não estivesse de dieta. As pessoas iam para clínicas de tratamento natural só para fazer jejum.

Por sua vez, a religião das pessoas pobres é sempre uma festa, um banquete. Na Índia, por exemplo, a maioria dos muçulmanos é bem pobre, mas, quando chega o dia de uma celebração religiosa, eles festejam com toda a abundância. Como passam fome durante o ano todo, nada mais natural que, no dia da festividade religiosa, ao menos nesse dia, eles vistam as suas melhores roupas – todas novas, coloridas – e comemorem com fartura. Ao menos por um dia eles podem se esbaldar. Os jainistas, por outro lado, passam o ano todo em meio a banquetes; assim, no dia da festa religiosa, eles fazem jejum. Nada mais lógico: a celebração de um homem pobre será uma grande festa; a celebração de um homem rico será um grande jejum. As pessoas sempre vão para o extremo oposto.

Por isso, quando você começa a meditar, existe um risco enorme de acabar se prendendo demais ao estado de introversão. A meditação é, sim, uma introversão que o conduz ao âmago do seu ser. Porém, se você perder a sua flexibilidade, se perder a capacidade de retornar à periferia, de retomar o contato com o mundo exterior, a meditação se transforma num retraimento – no fundo, um retraimento bastante perigoso, pois é esquizofrênico. Tome bastante cuidado! Isso é algo que já aconteceu com muita gente. A história da humanidade é repleta de casos assim, de pessoas que ficaram esquizofrênicas.

Quando estiver meditando, lembre-se sempre de que não deve perder o contato com a periferia de forma definitiva. Você deve retornar para a periferia de vez em quando, para que a sua rota permaneça clara e você não a perca de vista. Por isso eu insisto tanto que você deve meditar, mas que não deve renunciar ao mundo. Medite pela manhã e, em seguida, saia para a rua – vá para o supermercado, dirija-se para o seu escritório. Medite e, então, faça amor! Não crie uma dicotomia, não alimente uma oposição. Não diga: "Mas como posso amar agora, se sou um meditador?" Se fizer isso, você estará se movendo numa direção perigosa; e, mais cedo ou mais tarde, acabará perdendo todo o contato com a periferia. Com isso, o seu centro ficará paralisado, congelado. E a vida consiste em estar vivo – se transformando, se movimentando. A vida é dinâmica, não é uma coisa morta.

Existem dois tipos de mortos no mundo: os que estão mortos na periferia, e os que estão mortos no centro. Transforme-se num terceiro tipo: aquele que está vivo entre os dois – continue sempre se movendo do centro para a periferia, e da periferia para o centro. Ambos se enriquecem e se alimentam mutuamente. Observe só! Se você meditar e depois fizer amor, o seu amor terá uma profundidade incrivelmente nova. Se fizer amor e, em seguida, meditar, verá como a sua energia amorosa vai aprofundar e facilitar a sua meditação. É como deixar-se levar por uma onda – não é preciso esforço algum. Você simplesmente flutua, e cada vez vai subindo mais. Assim que tiver compreendido o ritmo desses polos opostos, o medo deixará de existir.

Lembre-se: na vida há um ritmo constante entre o dia e a noite, o inverno e o verão. É um ritmo contínuo. Não se detenha em nenhum dos polos! Permaneça sempre em movimento! E quanto maior for o balanço, quanto maior for a amplitude do seu movimento, mais profunda será a sua experiência.

Do relacionamento para o relacionar-se

O amor não é um relacionamento – amar é relacionar-se. Um relacionamento é algo acabado, é apenas um nome; o ponto-final chegou, a lua de mel terminou. Já não há mais alegria, não há mais entusiasmo, tudo isso acabou. Você pode até seguir em frente, por vários motivos: para manter as suas promessas; porque é confortável, cômodo, conveniente; por não ter nada melhor para fazer; ou para evitar toda a dor de cabeça que terá caso resolva se separar.

Um relacionamento significa algo concluído, acabado, fechado. O amor nunca é um relacionamento; amar significa relacionar-se. O amor é como um rio, eternamente fluindo, sem fim. O amor não conhece ponto-final; a lua de mel começa e nunca termina. Não é como um livro, que começa num determinado ponto e acaba no outro. O amor é um fenômeno contínuo. Os amantes se vão, mas o amor prossegue. É um *continuum*, um fluxo constante. O amor é um verbo, não um substantivo. Agora, por que reduzimos a beleza de relacionar-se a um relacionamento? Por que tanta pressa? Simplesmente porque se relacionar é algo inseguro, enquanto um relacionamento traz segurança. Uma relação é garantia de segurança, de estabilidade – e o relacionar-se é apenas o encontro de dois estranhos, talvez somente para passar uma noite juntos, despedindo-se pela manhã. Mas quem sabe o que vai acontecer amanhã? Ninguém. Acontece que temos tanto medo do futuro que queremos transformá-lo numa certeza, em algo previsível. Queremos que o futuro aconteça de acordo com as nossas ideias; não lhe damos liberdade para que seja o que tem que ser. É por isso que reduzimos todo verbo a um substantivo.

Você se apaixona por alguém e, imediatamente, já começa a pensar em casamento, em firmar um contrato legal. Por quê? Como é que a lei pode ter alguma ligação com o amor? A lei só consegue se intrometer no amor porque, na realidade, não existe amor. Só existe fantasia, e você sabe muito bem que, um dia, a fantasia vai acabar. Assim, antes que isso aconteça, é melhor já deixar tudo arranjado, fazer alguma coisa para que seja impossível se separar.

Num mundo melhor, com mais pessoas meditativas, com um pouco mais de consciência espalhada pelo planeta, as pessoas vão se amar, sim, elas vão se amar imensamente – mas o seu amor será um contínuo relacionar-se, e não um relacionamento. Com isso, não estou dizendo que esse amor será apenas algo momentâneo. Na verdade, existe toda a possibilidade de que ele seja muito mais profundo, que tenha muito mais intimidade, que seja muito mais poético e divino do que o tipo de amor que se vive no mundo atualmente. E é bem provável que esse amor dure muito mais do que os seus chamados relacionamentos jamais duraram. E nada disso precisará ser garantido pela lei, pelos tribunais ou pela polícia.

A garantia será interna. Será um comprometimento do coração, uma comunhão silenciosa. Se gostar da companhia de alguém, você vai querer estar cada vez mais com essa pessoa. Se apreciar a intimidade que tem com ela, vai querer explorar essa intimidade cada vez mais.

O amor tem certas flores que só desabrocham após longos períodos de intimidade. Também há flores mais efêmeras, que florescem em poucas semanas; mas elas morrem com a mesma facilidade, em poucas semanas já desapareceram para sempre. Certas flores demoram anos para desabrochar, e existem aquelas que demoram muitos e muitos anos. Quanto maior o tempo, mais profundo é o amor.

O amor tem que ser um comprometimento entre dois corações. Ele nem deve ser verbalizado, pois isso iria profaná-lo.

Ele deve ser um compromisso silencioso, uma comunhão de olhares, de coração para coração, de ser para ser. Ele deve ser compreendido, e não verbalizado.

• • •

Esqueça os relacionamentos e aprenda a se relacionar. Assim que duas pessoas começam um relacionamento, elas entram no piloto automático, passam a ver o outro como algo garantido, que não requer mais atenção. É isso que destrói todas as histórias de amor. A mulher pensa que já conhece seu companheiro, e o homem pensa que já conhece sua companheira. Só que nenhum dos dois conhece o outro de verdade. É impossível conhecer a outra pessoa; o outro é sempre um mistério. E tratá-lo como se ele fosse algo banal, já conhecido, é um insulto, uma completa falta de respeito.

O fato de você pensar que já conhece a pessoa com quem se relaciona é, no mínimo, uma grande ingratidão. Como poderia conhecê-la? As pessoas são processos, e não coisas. A pessoa que você conheceu ontem não existe mais hoje. Muita água já passou debaixo da ponte, essa pessoa não é mais a mesma, é alguém completamente diferente. Relacione-se, recomece a cada instante, não menospreze o outro.

Ao acordar, observe o rosto da pessoa que se deitou a seu lado na noite anterior. Ela não é mais a mesma, muitas coisas mudaram. Na verdade, não dá para calcular quantas coisas mudaram. Essa é a diferença entre um objeto e uma pessoa. Os móveis do quarto continuam exatamente os mesmos, mas a pessoa a seu lado, não. Explore, comece de novo, recomece mais uma vez. É isso que eu chamo de se relacionar.

Relacionar-se significa, a cada instante, começar de novo; procurar continuamente conhecer um pouquinho mais do outro. É como se você e a outra pessoa estivessem o tempo todo se conhecendo pela primeira vez. Você busca descobrir todas as peculiaridades desse outro ser, de sua personalidade, tenta penetrar cada vez mais profundamente na esfera de seus sentimentos interiores, nos recantos mais profundos desse ser. É como se tentasse desvendar um mistério que não pode ser desvendado. Essa é a grande alegria do amor: a exploração da consciência. Quando você se relaciona de verdade, em vez de se limitar a ter um relacionamento, a outra pessoa se transforma num espelho para você. Ao explorar o outro, sem perceber, você estará explorando o seu próprio ser. Ao mergulhar profundamente no outro, conhecendo seus sentimentos, seus pensamentos, seus anseios e inquietações mais profundos, estará descobrindo as suas próprias inquietações e sutilezas mais profundas. Os amantes se tornam espelhos um do outro, e o amor vira uma meditação. Relacionamentos são coisas sem nenhuma beleza, mas se relacionar é algo maravilhoso.

Numa relação, as duas pessoas se tornam cegas uma para a outra, elas deixam de se ver. Tente se lembrar, quando foi a última vez que você olhou a sua esposa nos olhos? Há quanto tempo não olha nos olhos do seu marido? Talvez, há anos. Mas para que prestar atenção na própria esposa? Você está convicto de que a conhece totalmente, ponto-final. O que mais haveria para se olhar? Qualquer estranho que passe na rua lhe interessa mais do que as pessoas que estão a seu lado – afinal, você conhece toda a topografia de seu corpo, já sabe de cor como elas reagem, está cansado de saber que as coisas vão sempre acontecer do mesmo jeito. É um círculo vicioso de repetições.

Acontece que a vida não é bem assim. Nada se repete; tudo se renova a cada dia. Bem, quase tudo... Pois só o seu olhar envelhece, somente as suas suposições ficam velhas – o seu espelho acumula tanta poeira que você perde a capacidade de refletir o outro.

É por isso que falo da importância do relacionar-se. Para mim, relacionar-se significa viver em constante lua de mel. As duas pessoas permanecem se explorando, buscando uma pela outra, encontrando novas formas de se amar, descobrindo novas formas de estar juntas. Cada pessoa é um mistério tão infinito e insondável que é impossível você dizer "Eu a conheço" ou "Eu o conheço". No máximo, você pode dizer "Fiz o melhor que pude, mas o mistério permanece um mistério".

Na verdade, quanto mais você conhece o outro, mais misterioso ele se torna. E o amor, assim, transforma-se numa eterna aventura.

$$\bullet \bullet \bullet$$

Uma pessoa realmente consciente é aquela que tem a capacidade de viver só. Porém, isso é apenas metade da verdade. A outra metade é esta: uma pessoa que realmente consegue estar só também é capaz de estar com alguém. Na realidade, só uma pessoa assim é capaz de estar unida a outra.

Uma pessoa que não consegue estar só consigo mesma nunca vai conseguir estar com alguém, pois não tem individualidade. Uma pessoa sem individualidade é incapaz de estar junto de outra. O motivo? Existem vários. Para começar, ela está sempre com medo de que, caso se aproxime demais de alguém, vá perder a si mesma. Como ainda não está inteira, como ainda não tem a si mesma, ela só consegue ter uma coisa: medo.

É por isso que as pessoas temem o amor, e se apavoram com um amor profundo. Elas têm medo de se aproximar demais porque sentem que, caso façam isso, poderão se dissolver no outro – o medo é esse. Pode ser que o outro as domine, que ele se torne o centro da vida delas, que elas sejam possuídas por ele – esse é o medo.

Apenas quem conhece a beleza de estar só é capaz de se aproximar tão intimamente quanto possível de outra pessoa, pois não sente medo. Ele sabe que *é* alguém, o seu próprio ser está integrado. Em seu interior já existe algo que atingiu a realização; afinal, se não fosse assim, ele não conseguiria estar só.

Existe ainda um segundo aspecto: quando uma pessoa não consegue estar só, permanece sempre dependente do outro. Ela se apega ao outro de todas as formas possíveis – pois morre de medo de ser abandonada e, assim, ter que enfrentar a solidão. Assim, ela se apega ferrenhamente e explora o outro como pode, criando todo tipo de amarras em volta dele.

Porém, sempre que tentamos possuir o outro, ao mesmo tempo somos possuídos por ele. É uma via de mão dupla. Quando você transforma o outro num escravo, ele faz a mesma coisa com você. Quando tem muito medo que a outra pessoa o abandone, você se dispõe a fazer todo tipo de concessões, você aceita qualquer coisa.

É isso que acontece com todos os maridos e esposas. Eles se submetem a esse jogo de concessões, vendem a própria alma, e tudo por uma única razão: não conseguem estar sós. Temem que a mulher os deixe, que o marido as abandone e... então, o que será? A simples ideia de que isso possa acontecer é assustadora demais, já os apavora.

A capacidade de estar só é a capacidade de amar. Pode soar paradoxal, mas não é. Isto é uma verdade existencial: apenas as pessoas que são capazes de estar sós são capazes de amar, de compartilhar, de mergulhar até o âmago mais profundo de outra pessoa – tudo isso sem possuir o outro, sem tornar-se dependente dele, sem reduzi-lo a um objeto, sem fazer dele um vício. Elas dão liberdade absoluta ao outro, pois sabem que, se ele partir, continuarão tão felizes como eram. A sua felicidade não pode ser tirada pelo outro, pois não foi dada por ele.

Agora, se é assim, por que então essas pessoas desejariam estar juntas? Simples – porque já não é uma necessidade, é um luxo. Procure compreender. O amor de pessoas autênticas é um luxo, e não uma necessidade. Elas adoram compartilhar: elas já trazem tanta alegria dentro de si que desejam que toda essa alegria também se derrame em outra pessoa. Elas sabem levar a vida com a mesma alegria de quem toca um instrumento solo.

Um flautista sabe muito bem como se alegrar tocando sua flauta sozinho. Porém, se ele cruzar com algum tocador de tabla pelo caminho – um solista que também esteja realizado com seu instrumento –, os dois vão se divertir imensamente juntos, tocando e criando uma bela harmonia entre a flauta e a tabla. Ambos vão se alegrar, ambos vão compartilhar a riqueza que trazem dentro de si, derramando-a um no outro.

A questão é que a nossa sociedade é formada por pessoas carentes, pessoas que, de uma forma ou de outra, são todas dependentes. Veja bem, os filhos são dependentes dos pais – sim, mas lembre-se: os pais também são dependentes dos filhos. Mesmo que não seja algo tão óbvio, é assim que as coisas são; basta observar um pouco melhor. Por exemplo, as mães não conseguem ficar longe dos filhos. É claro que uma criança não consegue ficar sem a sua mãe, isso é natural, mas a mãe também não consegue ficar longe da criança.

Os membros de uma família são todos dependentes entre si, eles se apegam uns aos outros. Isso lhes traz uma sensação de conforto, de segurança, de proteção. Toda família, por sua vez, também é dependente das outras famílias. As pessoas são dependentes das instituições religiosas, dos clubes, das associações. Vivemos em um imenso planeta repleto de pessoas dependentes, de adultos imaturos.

Nesse sentido, uma comunidade como a que criei, que seja formada por pessoas conscientes, é um mundo totalmente diferente. Não se trata de uma sociedade. Pelo contrário. É uma reunião de pessoas que são capazes de estar sós e, por opção própria, preferem estar juntas para criar uma grande orquestra de seres. Uma comunidade assim não é um fenômeno de dependência, é uma manifestação de independência.

É por isso que, muitas vezes, as pessoas em minha comunidade dizem: "Todo mundo aqui aparenta estar tão feliz consigo mesmo, parece que ninguém se importa com ninguém". Os recém-chegados são os que mais sentem isso, que as pessoas aqui seriam indiferentes. A realidade, contudo, não é essa; as pessoas aqui não são indiferentes. A questão é que você vem de uma sociedade onde todo mundo é absolutamente dependente. E uma comunidade como a minha não tem nada a ver com os moldes antigos de uma sociedade. As pessoas aqui são capazes de desfrutar o seu próprio ser, a sua própria companhia, ninguém interfere na vida de ninguém; não existe nenhum tipo de interferência.

O meu propósito é este: fazer com que você fique tão consciente, tão amoroso, que pare de interferir na vida alheia. O amor nunca interfere; o amor sempre dá a mais absoluta liberdade. Se algo não lhe traz liberdade significa que não é amor. Aquilo que os recém-chegados sentem no ar não é indiferença, e pouco a pouco eles se dão conta disso – após algumas semanas por aqui, eles compreendem o que realmente está acontecendo. As pessoas não são indiferentes, pelo contrário, elas são muito amorosas, atenciosas. No entanto, elas não interferem, não se impõem umas às outras. Não são carentes, possessivas, nem se apegam ferrenhamente a alguém.

Agora, como você só conviveu com esse tipo de gente até hoje, é natural que esse novo jeito de ser o assuste. Você pensa que ninguém precisa de você, que ninguém se importa, que todas as pessoas são egoístas, que só pensam em si mesmas. Mas não é nada disso – embora você possa ter essa impressão no começo, ela é absolutamente falsa.

Uma comunidade de buscadores é uma celebração, uma reunião de seres independentes, que não vivem num estado de carência mútua. É lindo quando duas pessoas estão juntas; e, mais ainda, quando conseguem cantar juntas uma canção, quando formam um coro harmonioso. Agora, quando as coisas não saem tão bem, quando ficam pesadas, quando o fato de estarem juntos interfere com a sua liberdade, o melhor a fazer é partir e continuar cantando a sua canção sozinho. Não existe nenhuma obrigatoriedade de se fazer parte de um coro.

Uma comunidade é um espaço que permite toda essa liberdade. Existem casais, mas não há maridos e esposas. Em uma comunidade de buscadores, existem *amigos*.

Quando gostam da companhia uma da outra, as pessoas podem até viver juntas, mas só o fazem pela alegria que isso traz – nunca por necessidade. Se, em determinado momento, um dos dois decide sair da relação, ele pode ir embora sem problemas, sem dramas, sem choros e lamentações, sem piorar as coisas, sem brigas, sem acusações, sem demoras. As pessoas precisam ser verdadeiras. Se sentirem-se bem juntas, ótimo. Mas, caso sintam que não estão crescendo mais, que não estão amadurecendo, é melhor dizer adeus. Nesse caso, elas se afastarão com toda a gratidão, pois compartilharam algo muito bonito, algo de que vão se lembrar com carinho pelo resto da vida – mas elas sabem que chegou a hora de partir. Viveram com alegria, e agora se despedem com alegria; sua amizade permanece intacta. E pode ser até que, um dia, elas se reencontrem, que vivam juntas de novo. Pois elas não se ferem, não deixam cicatrizes uma na outra – cada uma respeita a liberdade da outra.

Claro, tudo que estou dizendo se refere à minha comunidade, não posso falar por nenhuma outra. Ela cria indivíduos que são capazes de estar sós e, ao mesmo tempo, de estar com alguém – que têm a capacidade de tocar um instrumento solo e, também, de tocar numa orquestra.

• • •

Quando você começa a ficar consciente, muitas coisas simplesmente desaparecem, não é preciso fazer nada nesse sentido. Quando se tem consciência, é impossível que certos pensamentos e atitudes continuem a se manifestar. Essa é a minha definição e o meu único critério. Por exemplo, se você está consciente, não existe a possibilidade de ficar "caído de amores" ou "perdidamente apaixonado"; isso seria um pecado. Sim, você poderá amar, mas o amor não será como cair ou se perder, pelo contrário, será como se encontrar, você estará se elevando.

Sabe por que usamos expressões como "cair de amores" ou "apaixonar-se perdidamente"? Porque, literalmente, isso *é* uma perdição, *é* uma queda; você está se perdendo de si, não está se elevando. Quando alguém está consciente, é impossível se perder, é impossível cair – mesmo que seja de amor! É simplesmente impossível. A sua consciência não permite que isso aconteça. No amor, você se *eleva*. E elevar-se pelo amor é um fenômeno completamente diferente dessa história de cair ou se perder por amor – esse tipo de coisa não passa de um estado de adormecimento. É por isso que dá para ver direitinho quando as pessoas estão perdidamente apaixonadas: elas parecem estar mais adormecidas que os outros, como se estivessem embriagadas, num estado de transe. Pode-se perceber isso nos seus próprios olhos, pois eles ficam como que sonolentos, sem vitalidade. Por outro lado, as pessoas que se elevam pelo amor têm uma aparência completamente diferente. Dá para ver nitidamente que elas não estão mais dormindo, que, agora, estão focadas na realidade, que estão crescendo através do amor.

Quando você fica caído de amores, você permanece uma criança; quando se eleva no amor, você amadurece. E, pouco a pouco, o amor deixa de ser um relacionamento, tornando-se o estado natural do seu ser. A partir daí, não se trata mais de amar isto ou aquilo – você simplesmente se torna amor. Você compartilha o seu amor com tudo aquilo que o cerca. Aconteça o que acontecer, você doa o seu amor. Quando toca uma pedra, você a toca amorosamente, como se estivesse tocando o corpo da pessoa amada. Ao olhar para uma árvore, você a observa como se estivesse olhando para o próprio rosto de quem ama. O amor se transforma num estado de ser. Não se trata mais de *estar* apaixonado – agora você *é* amor. É uma elevação, e não uma queda.

O amor só é bonito quando nos elevamos através dele; caso contrário, transforma-se em algo feio e desprezível. Uma hora ou outra, você percebe que ele se tornou uma coisa venenosa, um verdadeiro cativeiro. Você caiu numa armadilha, sua liberdade foi aniquilada, suas asas foram cortadas – você não é mais um ser livre. O amor vira uma questão de posse: você possui uma pessoa e, ao mesmo tempo, se permite ser possuído por ela. Você se transforma num objeto e tenta converter o ser amado num objeto também.

Observe um marido e sua esposa: ambos se transformaram em objetos, deixaram de ser indivíduos. Um fica tentando possuir o outro. Acontece que somente objetos podem ser possuídos, pessoas, não. Como se poderia possuir alguém? Como se poderia dominar alguém? Como se poderia converter uma pessoa numa posse? É impossível! No entanto, o marido fica tentando possuir a esposa, e ela faz exatamente a mesma coisa. O resultado, claro, é um grande choque. E eles acabam se tornando dois inimigos, um destruindo a vida do outro.

Isso já não é amor. Na verdade, possuir uma pessoa é o mesmo que odiá-la, destruí-la, assassiná-la; você se torna um assassino. O amor só deveria trazer liberdade; o amor *é* liberdade. O amor faz com que a pessoa amada fique cada vez mais livre, suas asas se abram cada vez mais, o céu se torne cada vez mais amplo. O amor não pode ser uma prisão, um enclausuramento. No entanto, esse tipo de amor elevado você ainda não conhece, pois ele só é possível quando a pessoa está consciente; essa qualidade de amor se manifesta apenas quando existe consciência. O tipo de amor que você conhece é um pecado, pois é fruto da inconsciência.

E isso acontece em relação a tudo o que você faz. Mesmo quando tenta fazer o bem, você acaba causando o mal.

Fazer o bem, servir a humanidade e outros caminhos para o inferno

Preste atenção a todos esses altruístas e filantropos: eles são as pessoas mais nocivas que existem, estão sempre causando algum mal. Todos esses reformadores sociais e supostos revolucionários são o que há de mais danoso no mundo. Só que é difícil perceber onde reside a sua maldade – afinal, eles são pessoas boas, estão sempre fazendo o bem para os outros... Mas justamente aí está a sua maldade: pois essa é a forma com que eles escravizam as outras pessoas. Se permitir que lhe façam algum bem, já era: você será possuído por eles.

Eles começam massageando os seus pés e, quando você menos espera, já estão com as mãos em volta do seu pescoço! Começam pelos pés, mas logo já estão no pescoço – e tudo por um motivo: eles não são conscientes, não sabem o que estão fazendo. Simplesmente aprenderam um truque: que, para possuir uma pessoa, basta lhe fazer algum bem. Eles nem mesmo sabem que aprenderam esse truque. Porém, sabendo ou não, eles sempre causarão o mal – pois qualquer coisa que tenha a mínima intenção de possuir o outro, independentemente do nome que se dê para isso, é algo irreligioso, é um pecado. Todas as suas igrejas, templos, mesquitas e sinagogas pecaram contra você, pois tudo o que fizeram foi com o intuito de possuí-lo, dominá-lo.

No fundo, todas as instituições religiosas são contra a religião, pois a verdadeira religiosidade é liberdade. Agora, por que elas agem dessa forma? Por exemplo, toda a mensagem de Jesus é libertadora, a sua intenção é lhe dar asas, libertá-lo. Como é que pode aparecer uma igreja que prega uma mensagem tão oposta?

Isso acontece porque Jesus vive numa esfera completamente diferente, a esfera da consciência – e aqueles que o escutam, que o seguem, vivem no plano da inconsciência, do adormecimento. Eles interpretam tudo o que ouvem através do seu próprio filtro de inconsciência – com isso, qualquer coisa que façam será um pecado. Cristo traz a verdadeira religiosidade, mas todas essas pessoas, que estão profundamente adormecidas, vêm e transformam isso numa igreja.

Conta-se que, certo dia, o próprio Satã, o diabo em pessoa, estava sentado tristonho e cabisbaixo sob uma árvore. E um santo que passava por ali, ao vê-lo, lhe perguntou: "As pessoas dizem que você nunca descansa, que está sempre praticando o mal. O que faz aqui descansando sob uma árvore?"

Bom, o caso é que Satã estava realmente deprimido. Ele disse: "O problema é que esses sacerdotes e religiosos roubaram o meu trabalho, não restou nada para eu fazer, estou completamente desempregado. Eles estão se saindo tão bem que, às vezes, penso até em me matar".

E sabe por que os sacerdotes se saíram tão bem? Porque conseguiram converter a liberdade em aprisionamento, a verdade em dogmas – eles transformaram tudo aquilo que é da esfera da consciência em algo da esfera do amortecimento.

• • •

Quando você é uma pessoa triste, infeliz, você não é capaz de ajudar ninguém, pois apenas contaminaria a vida alheia com a sua própria infelicidade. Se você vive na escuridão, não pode ajudar ninguém, pois estaria apenas semeando sombras na vida dos outros. Se cheira mal, não pode compartilhar sua fragrância com ninguém. Aliás, que fragrância? Não existe fragrância – só existe mau cheiro! O fato é este: você só consegue compartilhar aquilo que tem.

Se você é uma pessoa raivosa, compartilhará raiva; se é gananciosa, compartilhará ganância; se vive cheia de luxúria, é só luxúria que vai compartilhar. Você só pode compartilhar aquilo que tem; é impossível compartilhar aquilo que não tem. Essa é uma verdade básica, que não pode ser esquecida. Por isso, o primeiro passo é a meditação; só então vem o segundo, que é a compaixão.

A primeira coisa a fazer é ajudar a si mesmo. Nesse sentido, o que eu ensino é o egoísmo absoluto, pois foi isso que aprendi por experiência própria: quando alguém consegue ser verdadeiramente egoísta, desse mesmo egoísmo nasce o altruísmo mais verdadeiro – e somente dele. Não tem outro jeito. Uma pessoa verdadeiramente egoísta é aquela que, de todas as formas possíveis, busca estar plena, em paz consigo mesma. É alguém que, antes de tudo, procura encontrar Deus por si mesmo. O seu interesse é absolutamente egoísta. Ele não se preocupa com nada além de si mesmo – a pobreza no mundo, os doentes, os idosos, isso e aquilo; nada disso lhe interessa. Ele se preocupa apenas com uma coisa, seu esforço é direcionado para um único ponto. Como se fosse uma flecha, ele mergulha em seu interior para encontrar esse ponto silencioso dentro de si, o espaço a partir do qual se operam as transformações mais profundas na vida.

Assim que esse ponto é acessado, tudo acontece de forma simples e natural: a compaixão, o serviço, a ajuda. A partir daí, sim, você pode ajudar de verdade. Pois compartilhar será uma grande alegria – e não um alimento para o ego. Você não vai se vangloriar por ajudar os outros, achando que é melhor que os outros, que é a pessoa mais santa do mundo – você vai apenas se alegrar. A compaixão não servirá de alimento para o ego. Pois o ego não existe mais, ele está morto; ele foi eliminado, de uma vez por todas, através da sua meditação. E uma pessoa sem ego pode ser de grande valia. Por outro lado, os chamados benfeitores da humanidade, esses missionários e filantropos são todos extremamente nocivos. Até hoje, ninguém causou tantos males no mundo quanto essa gente. Tome cuidado!

• • •

Você poderia afirmar que está totalmente satisfeito com a sua vida, que não precisa viver nem um minuto a mais, pois já fez tudo que tinha para fazer? Você está livre de toda ansiedade, angústia, tristeza, sofrimento, ódio e inveja? Já se libertou do seu próprio ego? Se ainda não se livrou de todo esse lixo que paira a seu redor, de todo esse veneno dentro do seu ser, você realmente tem muita coragem para dizer que quer salvar a humanidade. Quem somos nós para salvar a humanidade? Que autoridade temos para isso? Eu nunca conseguiria me imaginar como um salvador, um messias, pois tudo isso não passa de *ego trip*, de criações do ego para se engrandecer. Quem sou eu para poder salvar alguém? Se puder salvar a mim mesmo, já é mais do que o suficiente.

Mas este mundo é realmente esquisito... As pessoas estão se afogando no meio do esgoto e, ao mesmo tempo, gritam: "Salvem a humanidade!"

Mas salvar a humanidade de quem? De você?

De um ponto de vista psicológico, essa postura é bem compreensível. Você cria todas essas ideias mirabolantes de redenção, de salvação, de ajuda, de serviço, simplesmente por um motivo: para escapar de si mesmo. Você não quer encarar a si mesmo; não quer ver quem é nem onde se encontra. E a melhor forma de fugir de si mesmo é salvando o resto do mundo, pois você estará tão envolvido, tão engajado, tão ocupado em resolver os grandes problemas da humanidade que as suas próprias questões serão facilmente deixadas de lado. É bem provável que se esqueça completamente delas. Esse é um mecanismo psicológico bastante venenoso. Você deseja escapar, quer se afastar o máximo que pode de si mesmo porque, assim, evita enxergar as suas próprias feridas que estão doendo. E a melhor escapatória é esta: servir.

Eu costumava dar palestras nos clubes do Rotary; e, na mesa principal, havia sempre uma plaquinha com o lema: "Nós servimos". Isso já era o suficiente para me provocar: "Que insanidade é essa? A quem servem, e por que deveriam servir? Quem são vocês para que possam servir a alguém?" Mas os rotarianos de todo o mundo seguem esse lema do serviço; e, de vez em quando, realizam algumas pequenas ações, todas bem inteligentes.

Por exemplo, os rotarianos recolhem todos os remédios que você tem em casa e não usa mais, pois quem estava doente já se curou. Imagine que sobrou meio vidro de xarope – o que você vai fazer com isso? Ora, doe para o Rotary, garanta uns créditos a mais no banco celestial! Você não perde nada, afinal, iria jogar o resto do xarope fora de qualquer jeito. O que você faria com todos esses comprimidos, pílulas, injeções e outras coisas que sobraram? O mais fácil é doar para o Rotary. E o Rotary ainda reúne as pessoas mais influentes da cidade; dá prestígio ser um rotariano, ser um membro do clube. Bom, daí vem a segunda parte: coletados os medicamentos, algum médico rotariano irá distribuir tudo isso entre os pobres. Que serviço maravilhoso! Depois de receber os seus honorários, o médico do clube seleciona, dentre todo aquele lixo recolhido, quais remédios ainda podem ser úteis de alguma forma. Ele está fazendo um grande serviço, afinal, dedica ao menos parte do seu precioso tempo para encontrar algo que preste no meio daquela montoeira de lixo: "Nós servimos". E isso faz com que ele se sinta maravilhoso por dentro, pois estaria realizando algo de imenso valor.

Certa vez, conheci um homem que havia devotado toda a sua vida a abrir escolas para crianças aborígenes na Índia. Ele era um seguidor de Gandhi. Nós nos encontramos por acaso, quando eu visitava uma comunidade aborígene onde ele estava inaugurando uma escola. Na época, eu estudava tudo que fosse relacionado à vida desses aborígenes, pois eles eram o exemplo vivo de um tempo em que o homem ainda não estava sobrecarregado por tanta moralidade, religião, cultura, civilização, etiquetas e boas maneiras. Eles eram simples e inocentes, espontâneos e naturais.

Por sua vez, aquele homem passava a vida arrecadando dinheiro nas cidades para, então, abrir escolas e educar os aborígenes. Então, quando nos cruzamos por acaso, eu lhe disse: "Mas o que você está fazendo? Acha mesmo que está prestando um grande serviço a essa gente?"

"É óbvio!", ele respondeu, da forma mais arrogante possível.

"Pois saiba que você não tem a menor ideia do que faz. Existem escolas muito melhores do que as suas nas grandes cidades – e qual foi o bem que elas fizeram para os seres humanos? Se as maiores escolas, faculdades e universidades até hoje não trouxeram nenhum benefício para a humanidade, você acha mesmo que as suas escolinhas irão ajudar esses pobres aborígenes? Elas servirão apenas para destruir a originalidade deles, para acabar com a sua pureza primitiva. Eles ainda são livres: suas escolas não criarão nada mais do que problemas para eles."

O homem ficou em choque com as minhas palavras, e esperou alguns segundos antes de me responder novamente:

"Talvez você tenha razão. De fato, algumas vezes pensei na quantidade de escolas, faculdades e universidades que já existem ao redor do mundo. Que diferença as minhas pequenas escolas poderiam fazer? Porém, o desejo de Gandhi sempre foi que eu abrisse essas escolas para os aborígenes, e tenho que seguir as instruções de meu mestre."

"Se o seu mestre era um idiota, problema dele; isso não significa que você tenha que passar a vida seguindo as suas ordens. Pare com isso imediatamente – e, desta vez, sou eu que lhe ordeno! Além do mais, você sabe por que vem fazendo tudo isso? Apenas para escapar do seu próprio sofrimento, da sua própria infelicidade. Você é um homem completamente infeliz, qualquer pessoa pode ver isso, está escancarado em seu rosto. Você nunca amou, e nunca foi amado por ninguém."

"Mas como você pôde chegar a essa conclusão? É a mais pura verdade... Sou órfão desde criança, nunca fui amado por ninguém. E fui criado no próprio *ashram* de Gandhi, onde o amor era somente uma coisa mencionada nas orações, mas que não se podia colocar em prática fora delas. Havia uma disciplina extremamente rígida, era como um quartel. Assim, de fato, ninguém nunca me amou. E você tem razão, nunca amei ninguém, pois era terminantemente proibido se apaixonar no *ashram*, isso era considerado o maior crime por lá.

"Eu era uma das pessoas mais elogiadas por Gandhi, pois nunca o decepcionei. Seus próprios filhos chegaram a traí-lo. Seu filho Devadas, por exemplo, apaixonou-se por uma mulher e foi expulso do *ashram*; depois eles se casaram. O secretário pessoal de Gandhi também se apaixonou por uma mulher, mantendo esse relacionamento em segredo por vários anos. Quando as pessoas descobriram, foi um escândalo estrondoso."

Imagine só, o pobre homem havia sido elogiado simplesmente por nunca ter entrado em contato com uma mulher! Como se não bastasse isso, Gandhi ainda o enviou para trabalhar com os aborígenes, e o coitado passou a vida seguindo as ordens do seu mestre. Mas eis o que ele me disse no fim de nossa conversa: "Você realmente me deixou perturbado. Talvez seja a mais pura verdade, sim, talvez eu esteja apenas tentando fugir de mim mesmo, de minhas feridas, de minha própria angústia".

Ou seja, todas essas pessoas que decidem salvar a humanidade são, em primeiro lugar, egoístas. Elas enxergam a si mesmas como as redentoras do mundo. Em segundo lugar, todas estão doentes, e apenas tentam esquecer a própria doença. Por fim, qualquer coisa que fizerem só ajudará o ser humano a ficar pior do que já está, pois elas querem ajudar os outros, guiá-los para a salvação, mas elas mesmas estão cegas e doentes. E, quando um grupo é conduzido por cegos, pode ter certeza de que, mais cedo ou mais tarde, todos cairão dentro de um buraco.

Não, eu não estou minimamente interessado em salvar ninguém. Na verdade, ninguém precisa ser salvo. Todo mundo está perfeitamente bem do jeito que é. Cada pessoa é da forma que escolheu ser. Quem sou eu para incomodá-la? O máximo que posso fazer é falar sobre mim e o que aconteceu comigo. Ou seja, posso contar a minha história. E, quem sabe, ao ouvir essa história, alguém possa ter algum *insight*, encontrar uma direção; talvez alguma porta se abra. Porém, eu não faço nada nesse sentido, estou apenas compartilhando a minha própria experiência.

Não é um serviço, pois eu mesmo me alegro ao compartilhar. Lembre-se disso: uma pessoa que serve tem que ser grave e solene, afinal, está realizando um trabalho sério, importante. Ela suporta todo o peso do mundo, carrega o Himalaia nos próprios ombros. Ao contrário desse suplício, eu não carrego nada nas costas, nenhum peso do mundo ou de quem quer que seja; não estou fazendo nada sério ou importante.

Apenas gosto de compartilhar minha experiência. E o próprio compartilhar já é uma grande alegria.

• • •

De fato, em muitos aspectos o mundo ainda é um lugar triste, miserável, existe muito sofrimento no coração das pessoas. Mas você não deve tornar-se uma pessoa infeliz por conta disso, pois, se o fizer, estará somente criando mais tristeza. Isso não ajuda ninguém. É como se, ao ver que algumas pessoas estão doentes, você também resolvesse ficar doente. A sua doença não curaria ninguém, só criaria mais doença ainda.

Ter compaixão pela tristeza dos outros não significa ter que se entristecer também. Ter compaixão significa procurar descobrir o que está causando tanto sofrimento e infelicidade, e ajudar a remover essas causas. Enquanto isso, você deve permanecer o mais alegre possível, porque é a sua alegria que irá ajudá-los, não a sua tristeza. Procure se manter alegre, pois eles precisam saber que, sim, é possível se alegrar nesse mundo tão triste. As pessoas perderam completamente a esperança, porque só veem tristeza em toda parte. Elas estão resignadas, achando que a infelicidade é o estado natural das coisas, que não há nada que se possa fazer, que só nos resta sofrer.

E a única coisa que os líderes religiosos fazem é lhes dar consolo, enchendo sua cabeça de ilusões e ideias hipócritas. Eles vêm mantendo as pessoas infelizes há séculos, fazendo com que acreditem que a infelicidade é uma parte intrínseca da vida. Como se isso não bastasse, deram um *status* espiritual a toda essa tristeza e miséria. O discurso tem sido apenas este: "Bem-aventurados os pobres". Ou seja, as pessoas não só aceitaram que a tristeza é uma parte inerente da vida, e que isso é algo irremediável, como passaram a se sentir bem com isso, como se fosse uma coisa espiritual, um teste enviado por Deus.

Os ricos não entrarão no reino de Deus, apenas os pobres e sofredores – estes, sim, serão recebidos com grande júbilo e alegria. A única exigência é que você não se queixe de seu sofrimento, que o aceite como uma bênção disfarçada. Claro, quando esse tipo de discurso é repetido por séculos e séculos, a mente das pessoas acaba ficando envenenada. E, para completar o consolo, parece que elas não estão sozinhas na sua infelicidade; todo mundo está infeliz. Na verdade, elas ficam até com medo de se alegrar no meio dessa imensa multidão de sofredores.

Enfim, não adianta nada se tornar uma pessoa triste por conta da infelicidade dos outros. Isso não vai ajudar ninguém. Só irá fazer com que se convençam ainda mais de que não existe felicidade na Terra, de que a alegria é algo de outro mundo – de que o destino da Terra é apenas um: a mais completa infelicidade. Assim, procure apenas ser um exemplo vivo de que isso não é verdade: "Vejam só, se eu posso ser feliz e me alegrar, é uma prova de que toda essa fábrica de teorias estúpidas não serve para nada".

Adormecido e desperto

Certo dia, um garotinho estava brincando com seus blocos de construção quando, de repente, seu pai entrou no quarto.

"Não faça barulho, papai, estou construindo uma igreja."

O pai, então, pensou que poderia aproveitar a ocasião para testar até onde iam os conhecimentos de seu filho a respeito da religião.

"Mas por que devemos ficar em silêncio na igreja?"

"Ora, porque todas as pessoas estão dormindo."

• • •

O ser humano está adormecido. E não se trata de um sono comum, no sentido literal do termo, é um sono existencial. Mesmo quando pensa estar desperto, você está dormindo. Esteja você de olhos abertos, caminhando na rua, trabalhando no escritório, não importa, você está sempre dormindo. Não é apenas na igreja que isso acontece, é em qualquer lugar. Você simplesmente vive num estado de dormência.

Esse sono metafísico precisa ser interrompido, você tem que despertar desse estado de sonambulismo de uma vez por todas. É imprescindível que você se torne uma chama de consciência. Só assim a vida começará a fazer sentido, a ganhar significado; só assim ela deixará de ser essa rotina enfadonha e entorpecedora – pelo contrário, a vida terá poesia, e mil flores de lótus se abrindo em seu coração. Só assim Deus se manifestará.

Deus não é uma teoria, um argumento que se possa discutir. Deus é uma experiência de significado na vida. E esse sentido profundo só pode ser percebido quando você está desperto. Se está dormindo, como poderia perceber todo o sentido da vida? A existência é carregada de sentido, ela é imensamente significativa. Cada momento da vida é precioso. O problema é que você está dormindo – e somente olhos despertos podem enxergar toda essa exuberância de sentido, e vivê-la de forma plena.

Outro dia me perguntaram: "Osho, você sempre nos diz para celebrarmos a vida. Mas o que há para celebrar?" Sim, eu posso compreender de onde vem essa pergunta. De fato, à primeira vista, parece mesmo que não há motivo algum para celebração. O que haveria para celebrar? Essa é uma pergunta que, compreensivelmente, todas as pessoas se fazem.

Mas, na realidade, a situação é justamente o contrário: tudo na vida é motivo para celebração. Cada momento é tão imenso, tão fantástico, traz tanto êxtase dentro de si... A única questão é que você está dormindo. O êxtase vem, flutua a seu redor e vai embora. A brisa vem, dança à sua volta e se vai. Enquanto isso, você dorme. As flores desabrocham, inundam o seu ser de perfume, e você continua dormindo. Deus canta em seus ouvidos de mil formas diferentes, Ele dança o tempo todo a seu redor – mas você apenas dorme.

Você me pergunta: "O que há para celebrar?" Pois eu é que lhe pergunto: o que *não há* para celebrar? Tudo o que você possa imaginar já está aí para ser celebrado. Qualquer coisa que possa desejar já está aí para ser festejada. Aliás, muito mais do que você possa sequer imaginar. A vida é pura abundância, puro esplendor!

Pense em um cego, alguém que nunca viu o florescer de uma rosa. O que ele perdeu? Você sabe dizer? Consegue sentir alguma compaixão por esse homem, por ele ter perdido algo tão divino? Ele nunca viu um arco-íris, nunca viu o nascer ou o pôr do sol, nunca viu as folhas verdes de uma árvore, nunca viu qualquer tipo de cor. Enquanto isso, você, que tem olhos, que pode enxergar tudo perfeitamente, me pergunta se existe algo para celebrar... Ora, há o arco-íris, o pôr do sol, as árvores verdejantes e toda uma existência infinitamente repleta de cores!

Bom, mas, apesar disso, compreendo de onde vem a sua pergunta, ela até faz algum sentido. Pois o arco-íris está aí, o pôr do sol está aí, o oceano, as nuvens, tudo está aí – mas você está dormindo. Você nunca olhou de verdade para uma rosa. Não estou dizendo que nunca tenha visto uma rosa – afinal, você tem olhos e pode ver –, mas você apenas passou os olhos por ela, de passagem, nunca olhou realmente para uma rosa. Nunca a contemplou com calma, nunca dedicou um minuto sequer para meditar sobre a rosa. Nunca entrou em sintonia com ela, nunca se sentou a seu lado, em comunhão com a flor. Nunca a saudou, nunca compartilhou realmente sua vida com ela. A vida passa, mas você fica aí, ausente, sem participar da existência. Você não se relaciona com a vida, por isso a sua pergunta faz sentido. Você tem olhos, mas não vê; tem ouvidos, mas não ouve; tem um coração, mas não ama – você está completamente adormecido.

Preste atenção, isso é algo que precisa ficar bem claro – não é à toa que fico repetindo isso o tempo todo. Quando você compreender que está dormindo, o primeiro raio do despertar terá brilhado em seu ser. Se puder perceber que está dormindo, significa que você já começou a acordar, que já está no limiar de um novo dia, de um novo amanhecer, que já vem rompendo a aurora.

Assim, o primeiro passo é tomar consciência disto: "Estou adormecido". Enquanto você achar que não está dormindo, nunca despertará. Afinal, se acredita que a vida que tem levado até hoje é a vida de um ser desperto, por que buscaria encontrar meios para despertar? Quando alguém sonha que está acordado, por que tentaria acordar? Ele já acredita que está desperto. Esse é o maior truque da mente, e todas as pessoas se deixam enganar por ele. A grande artimanha da mente é fazer com que você acredite ser algo que ainda não é, que sinta ser algo que nunca foi.

Gurdjieff costumava contar uma parábola... Em uma terra distante, havia um mago que também era pastor. Esse homem tinha milhares de ovelhas para cuidar, porém, como era muito avarento, não contratava nenhum ajudante ou vigia. Ele não queria gastar nem um tostão com empregados, mas, ao mesmo tempo, não queria que suas ovelhas fugissem ou fossem comidas pelos lobos. Obviamente, era muito difícil para ele tomar conta de todas as ovelhas sozinho – era um rebanho enorme, assim como a sua riqueza.

Mas, como ele era um mago, encontrou a solução perfeita. Ele fez um truque com as ovelhas: todas elas foram hipnotizadas. Ele as hipnotizou, dizendo a cada uma: "Você não é uma ovelha, não tenha medo". Para algumas, ele disse: "Você é um leão". Para outras, falou: "Vocês são tigres". E chegou até a dizer para algumas delas: "Vocês são seres humanos. Ninguém vai matá-los. Não precisam ter medo nem tentar escapar daqui".

E o resultado foi este: os animais acreditaram na hipnose. Todos os dias, ele abatia algumas ovelhas, mas as outras pensavam: "Não somos ovelhas, ele está matando apenas as ovelhas. Nós somos leões, somos tigres, somos lobos..." – todas pensavam ser isso ou aquilo, até seres humanos. Para algumas, ele havia dito até que eram magos – e elas acreditaram. Na hora do abate, nunca era com elas, somente as ovelhas eram sacrificadas. E elas permaneciam sempre indiferentes, distantes, nunca se preocupavam. Então, pouco a pouco, todas foram mortas.

Como Gurdjieff costumava dizer: "Essa é a situação da humanidade".

Por acaso, alguma vez já lhe passou pela cabeça que, quando alguém morre, trata-se da sua própria morte? Claro que não, a mente segue com seu jogo. A mente diz que é sempre o outro que morre, nunca você.

De vez em quando, recebo a visita de alguma pessoa idosa. E, invariavelmente, ela está sempre preocupada com a minha morte: "Osho, o que acontecerá comigo se você morrer?" O sujeito já está nos seus 75 anos, e me pergunta isso. Sempre fico surpreso quando ouço: "O que vai acontecer comigo se você morrer?" Imagine só, Osho vai morrer, mas ele não! É muito mais provável que ele morra antes de mim, mas sobre isso ele não quer saber. A frase é sempre esta: "Por favor, não me abandone. Se você morrer, o que vai acontecer comigo?"

É assim que a mente funciona. É sempre outra pessoa que morre, nunca você. Já reparou nessas pessoas que dirigem seus carros como loucas, numa velocidade absurda? Por que fazem isso? Simplesmente porque existe uma ideia arraigada na mente de que acidentes só acontecem com os outros. A informação está por toda parte, até nos *outdoors* se mostra a quantidade diária de acidentes, o número de pessoas mortas a cada dia, mas, apesar disso, todo mundo continua dirigindo como louco. Afinal, para que se importar? Essas coisas só acontecem com os outros. O discurso é este: "Sim, acidentes ocorrem, eu sei, mas isso nunca vai acontecer comigo". É uma noção profundamente arraigada na mente humana. A história de Gurdjieff não é apenas uma parábola.

Tudo o que é ruim só acontece com os outros. Inclusive a morte. Você não consegue sequer conceber a ideia de sua própria morte. Agora, se você não é capaz de conceber a sua própria morte, jamais poderá tornar-se, de fato, uma pessoa religiosa, espiritualizada. Porém, nem pensar no assunto você consegue — "Será possível que vou morrer? Como assim?"

Você permanece o tempo todo separado, à margem da vida, crendo que é uma exceção. Pois tome cuidado! Todas as vezes que você acreditar que é uma exceção, preste atenção, pois significa que está sendo enganado pela mente. O mago que existe em sua mente vai tapeá-lo. Ele já tapeou todo mundo. Esse é o sono metafísico: "A morte nunca vai me alcançar. Eu já sou tudo aquilo que quero ser. Tudo está ótimo. Estou desperto, já tenho plena consciência de tudo. O que mais haveria para buscar?"

Esse tipo de noção equivocada, essas ideias absurdas foram repetidas por tanto tempo, por tantas vezes, que você acabou sendo hipnotizado por elas. Você se auto-hipnotizou. O mago não está lá fora – ele é a sua própria mente. Ele rouba todo o sentido, todo o significado da sua vida. O sentido da vida reside na consciência – a consciência é o sentido. É uma espécie de brilho, de irradiação. Quando você se torna radiante de consciência, tudo mais irradia significado.

A existência é um reflexo do seu próprio ser – ela funciona como um espelho. Quando você é apático e indiferente, não há nada para celebrar, pois a existência lhe revela apenas a sua face apática e amortecida. O que haveria para celebrar? Agora, quando você está vivo, florescendo, cantando e dançando, o que o espelho reflete é exatamente isto: uma dança, uma canção – tudo é uma celebração. Quanto mais você celebra, mais há para celebrar, e assim indefinidamente. É um processo infinito. Por outro lado, quando você deixa de celebrar, aos poucos vai se tornando cada vez mais apático, indiferente, amortecido. Cada vez há menos para se festejar. Chega um dia, então, em que, de repente, a vida perde completamente o sentido.

Quando ainda são crianças, as pessoas encontram-se mais despertas do que jamais estarão de novo em sua vida – a não ser que, conscientemente, decidam buscar algum caminho voltado para o autoconhecimento, para a meditação. A menos que, por acaso, encontrem algum mestre pelo caminho – como um sufi, um mestre zen ou um mestre hassídico* –, a cada dia afundarão mais e mais no lamaçal da dormência e da hipnose coletiva. Ao nascer, as crianças estão despertas e conscientes; mas, na idade

---

* O hassidismo é uma corrente mística do judaísmo, cuja inspiração vem dos ensinamentos da cabala. (N. do T.)

adulta, morrem todas completamente adormecidas, roncando. E um ser adormecido não celebra.

Mas por que o ser humano ficou assim? Qual é a causa primordial desse estado de dormência? É simples: tudo isso é um mecanismo de fuga, de evitação – o adormecimento é uma forma de evitação; pois há muitos problemas na vida, ela é cheia de desafios. Assim, quando digo para celebrar, não quero dizer que não existam problemas. Eles existem, sim. Mas os problemas existem para que sejam enfrentados, para que sejam transcendidos. E a celebração é justamente isto: um meio de enfrentá-los e transcendê-los.

Não estou dizendo que não há problemas na vida. Não estou lhe contando nenhum conto de fadas, como se a vida fosse simplesmente um mar de rosas, em que só existem flores e nenhum espinho – nada disso. Aliás, muito pelo contrário: para cada rosa, há milhares de espinhos. Veja bem, não estou criando nenhum tipo de ilusão ou utopia para você. Estou sendo extremamente pragmático e realista.

Mas a melhor forma de transcender os espinhos é celebrar a vida, é celebrar aquela única e pequenina flor. Na verdade, a flor se torna ainda mais preciosa justamente pela presença dos espinhos. Se houvesse apenas flores e mais flores no mundo, sem nenhum espinho, elas perderiam todo o seu valor. É por causa da escuridão que a manhã se torna tão bela; é graças à morte que a vida tem tanta alegria; é por causa da doença que a saúde ganha todo o significado.

Não estou dizendo que não há nada com o que se preocupar. Sim, há muitas coisas, mas não é preciso se preocupar com elas. Você pode enfrentá-las sem medo ou preocupações – elas podem ser enfrentadas através da celebração. Veja bem, só existem duas maneiras de se lidar com as dificuldades da vida: por meio da preocupação ou por meio da celebração. A preocupação é o caminho do mundo; e a celebração é o caminho da verdadeira religião.

A preocupação cria apenas adormecimento – por um simples motivo: a quantidade de preocupações é tão grande que esse é o único modo de escapar. Afinal, como seria possível se livrar de todas elas? Ninguém faz a menor ideia. Mas a verdade é esta: nenhuma preocupação pode ser resolvida.

Por exemplo, a questão da morte. Como resolver isso? Como achar uma solução? A morte está aí, completamente nua diante de você. Não há como evitá-la, é algo que acontece a todo momento. No entanto, nós criamos todo tipo de artifício para tentar ignorá-la. Construímos os cemitérios fora da cidade, longe da vista de todos, decoramos os túmulos com esculturas de mármore, inscrevemos frases edificantes nas lápides, cobrimos o túmulo de flores. Tudo isso são maneiras de fazer com que o impacto da morte seja algo menos traumático. Quando alguém morre, nós nos confortamos com a ideia de que sua alma é imortal. Mas, de novo, isso é só um truque. Não estou dizendo que a alma não seja imortal – pois ela é –, mas ela só é imortal para aqueles que despertaram, o que não é o seu caso. Você simplesmente usa isso como uma forma de consolo. É um subterfúgio para evitar a morte.

Nós maquiamos o cadáver e o vestimos com as suas melhores roupas. No Ocidente, existem até profissionais especializados em preparar e adornar o corpo do morto, de modo que ele pareça estar vivo. Aliás, algumas vezes o cadáver é enfeitado com tal perfeição que nem mesmo quando era viva a pessoa aparentava ser tão radiante quanto agora que está morta.

Certa vez me contaram a história de um homem milionário, que sempre quis ter um Cadillac. Um dia, finalmente, ele decidiu realizar seu sonho e comprou um belíssimo Cadillac – só que, em apenas três dias, esse homem já estava morto. O caso é que, logo depois de comprar o carro, seus médicos lhe informaram que ele tinha uma doença gravíssima, era algo tão repentino, tão fulminante, que ele morreria em 24 horas. Ele, então, fez um testamento, no qual disse: "Acabei de comprar meu Cadillac, que foi feito por encomenda, especialmente para mim, e não tive tempo sequer para dar uma volta com ele. Assim, peço que façam o seguinte: me enterrem dentro do meu Cadillac".

E assim foi feito. Cavaram uma sepultura imensa, colocaram o cadáver dentro do Cadillac e, com um guindaste, enterraram o carro dentro da cova. A cidade inteira compareceu para assistir ao enterro. Todo mundo estava lá. Incluindo dois mendigos – e, ao ver aquilo, um disse para o outro: "Cara, este homem, sim, sabe viver!"

É isso que acontece! As pessoas levam uma vida tão amortecida, tão sem vitalidade, que a sua própria morte pode parecer extremamente mais viva.

O problema da morte não pode ser resolvido, não tem solução. Assim, qual foi a saída mais fácil encontrada pelo ser humano? Foi justamente mergulhar numa total inconsciência em relação à morte, fazendo de tudo para evitá-la, para não encará-la, para nunca olhá-la nos olhos. Simplesmente evite, ignore. A evitação tornou-se o comportamento padrão do ser humano.

Os problemas existem: as questões de saúde estão aí, as doenças estão aí, o câncer, a tuberculose, tantas outras coisas. As pessoas nunca estão seguras, e jamais estarão – pois a vida se processa na insegurança. Você pode ter uma conta gigantesca no banco e, de uma hora para outra, o seu banco pode quebrar, ou o seu país pode se tornar comunista. Tudo pode acontecer. Você pode estar casado e, de repente, sua esposa se apaixonar por um estranho e sumir. Quem sabe o que pode acontecer? A vida é insegura, não temos certeza de nada. Você pode apenas fingir que está em segurança – pois ninguém está, jamais.

O que fazer então? É óbvio: escape, mergulhe no sono. Crie uma névoa em torno de si mesmo, de modo que não veja claramente o que está diante de você. As pessoas vivem imersas nessa névoa metafísica, nessa espécie de bruma que lhes permite acreditar apenas naquilo que querem acreditar.

Ouvi contar outra história, sobre um senhor que estava dirigindo seu carro pela estrada quando viu um jovem *hippie* pedindo carona. Então, muito amavelmente, ele encostou o carro, abriu a porta, e o rapaz entrou. E o carro logo arrancou de novo, saindo a toda a velocidade.

Eis, então, que começou a chover. Só que, em vez de reduzir a velocidade com a chuva, o motorista acelerou ainda mais. Para piorar, os limpadores do para-brisa não estavam funcionando. O rapaz não conseguia ver nada e, claro, resolveu falar com o motorista: "Os limpadores não funcionam, a chuva só piora, e o senhor continua correndo como um louco. Se eu, que tenho a vista perfeita, não enxergo um palmo diante do nariz, como é que um homem idoso como o senhor está conseguindo dirigir?"

O motorista soltou uma gargalhada e respondeu: "Não se preocupe, meu jovem. Não faz a menor diferença se os limpadores do para-brisa estão funcionando ou não, pois eu esqueci meus óculos em casa mesmo".

Quando você não vê a realidade, fica achando que nada faz diferença, que tudo dá na mesma. Você cria uma névoa a seu redor e, pronto, não enxerga mais nada. A morte está aí, mas você não vê; a incerteza está aí, mas você não vê; sua esposa vai abandoná-lo amanhã, mas você não percebe; seu marido vai se tornar um poeta, mas você nem nota. Só existe uma densa neblina. Você permanece adormecido.

O adormecimento é uma forma de evitação. É um truque da mente para não ter que encarar os desafios da vida. É uma espécie de droga, de entorpecente inventado pelo homem. Só que ele não serve para nada. A realidade continua a ser o que é; o perigo, a incerteza – tudo permanece exatamente como é. Na verdade, a evitação só piora as coisas, pois você nem mesmo percebe o que se passa. Se tivesse visto o que estava acontecendo, poderia ter feito algo, mas agora é tarde – em vez de resolvê-los, a névoa e o adormecimento simplesmente multiplicam os seus problemas. A sua dormência não resolve nada. Bom, mas pelo menos você pode se iludir com o consolo de que não está acontecendo nada...

Você já deve ter ouvido falar da tática do avestruz. Seu método é este: quando percebe algum inimigo se aproximando, o avestruz imediatamente enfia a cabeça dentro de um buraco. Ele fica ali, absolutamente tranquilo, pois já não está vendo mais nada; como seus olhos estão tapados na areia, ele não enxerga o inimigo. E a sua lógica é esta: se você não pode ver o inimigo, então ele deixa de existir.

Mas não ria do pobre animal. Na verdade, a lógica do avestruz é bastante humana. Isso é o que milhões de pessoas, incluindo você, têm feito até hoje; isso é o que 99 por cento da humanidade faz o tempo todo. Você se recusa a ver o inimigo, e vai levando sua vida como se tudo estivesse ótimo. Neste momento, ao menos, está tudo bem – assim, por que se preocupar? E o resultado é este: você segue vivendo nesse estado de torpor e inconsciência.

Só que, vivendo dessa maneira, você nunca estará num espírito de celebração, você nunca será capaz de celebrar. Pois a celebração só acontece através da transcendência, quando você consegue transcender os seus problemas. Veja bem, eu uso a palavra "transcendência", e não "solução". Não existe solução para um problema, eles jamais poderão ser resolvidos. Na verdade, é até um erro chamá-los de "problemas", pois eles não são nada disso.

Tente entender. A incerteza é um problema? Você pode até dizer que é um problema, mas trata-se simplesmente da vida como ela é. Você não diz que o problema das árvores é o fato de suas folhas serem verdes. Elas simplesmente são assim. Você não diz que o problema do sol é que ele é muito quente. Isso não é um problema, é um fato – o sol é quente, ponto-final. A incerteza é um ingrediente básico da vida. Na verdade, sem ela a vida nem existiria. Se não fosse pela incerteza, a vida estaria morta – é graças a ela que a existência permanece viva, pulsante, cheia de esperança.

É a incerteza que abre caminho para todas as mudanças que ocorrem na vida – e a mudança é um elemento essencial da existência. Acontece que toda mudança gera insegurança. Se você muda, isso traz insegurança; se não muda, tudo bem, não existe insegurança. Agora, se você nunca muda, se permanece sempre o mesmo, é porque você é como uma pedra. Por exemplo, uma pedra vive muito mais segura do que uma roseira. É claro, afinal, uma pedra não se transforma tão rapidamente. Ela pode permanecer sempre a mesma, por milhões e milhões de anos, sem problema nenhum. A roseira, por outro lado, enfrenta inúmeros desafios. Se você ficar dois dias sem regá-la, as rosas começam a murchar, as folhas vão caindo, o arbusto inteiro começa a morrer. Se o calor for muito intenso, se aparecer um louco qualquer ou se algum animal entrar no jardim, ela também corre sério risco de morrer. Enquanto a pedra não enfrenta nenhum tipo de ameaça, a roseira tem de sobreviver a uma série de intempéries, ela vive em constante incerteza. Mas tem um detalhe: a roseira está sempre se transformando – e justamente por isso ela é tão viva.

Comparado aos animais, o homem é muito mais vivo – bom, ao menos poderia ser, pois tem todo o potencial para isso. Mas, claro, isso implica ter mais incerteza. Os animais não têm consciência da morte; logo, não têm problema em relação a isso. Só o homem tem consciência da morte. Porém, quando você sabe que vai morrer, isso se torna um desafio – é preciso descobrir como transcender a morte, como encará-la, como viver diante da iminência da morte, sem ignorá-la, aceitando-a plenamente, sabendo que ela pode acontecer a qualquer momento.

Mas como se pode viver sabendo que a morte nos aguarda na próxima esquina? Na verdade, quando se tem consciência da morte, a vida ganha muito mais intensidade. Quando você sabe que, de fato, pode morrer amanhã – ou até mesmo no próximo minuto –, você inevitavelmente se dá conta de que a única coisa que tem em mãos é o momento presente. Assim, não desperdice o presente, não viva de forma indiferente – pois talvez o próximo instante nem venha a existir. O presente é a única coisa que você possui; o momento seguinte é uma incógnita – talvez aconteça, talvez não; é algo com o que não se pode contar. Lembre-se disso, você não pode ficar adiando e sacrificando o presente por conta de um futuro duvidoso. E é somente ao encarar a morte, ao aceitá-la plenamente, que você começa a viver no presente. A morte não é um problema, pelo contrário; ela irá ajudá-lo a viver com mais intensidade e plenitude, ela irá ajudá-lo a ser infinitamente mais vivo. Só então você começará a viver de verdade, pois não ficará mais alimentando ilusões a respeito de um futuro imaginário. O futuro não existe. Quando a morte é aceita e reconhecida, o futuro desaparece.

E, quando o futuro desaparece, a única coisa que permanece em suas mãos é o momento presente – e, com ele, a chance de mergulhar profundamente em cada instante da vida, não importa o que esteja fazendo. Você pode estar comendo, dançando, fazendo amor, cantando ou até mesmo cavando um buraco no chão, não importa – qualquer coisa é uma oportunidade para se aprofundar no agora. O presente é a única coisa que você tem. Por que não vivê-lo de forma plena? Por que não celebrá-lo? Celebração e plenitude significam a mesma coisa. Você só consegue celebrar quando se entrega plenamente ao que está fazendo, e você só consegue se entregar plenamente quando celebra.

Você nunca reparou nisso? Todas as vezes que você se entrega plenamente àquilo que está fazendo, existe celebração. Por exemplo, se estiver realmente presente ao me escutar, conseguirá celebrar este momento. Não será preciso fazer nada; você simplesmente está aí, recebendo minhas palavras. Mas se recebê-las plenamente, de forma atenta, profunda, brotará uma grande alegria. Você não tem que fazer nada para criá-la, pois a alegria já está aí;

basta você estar presente, aqui e agora. O único lugar que existe é aqui, e o único momento é agora – pois a morte não descansa. Pensar na morte como um problema significa se mover na direção errada. Significa que você está apenas tentando ignorá-la – e, quando a ignora, você cai no adormecimento. Aceite a morte... Sim, a morte existe, ela é parte da vida. Ela surgiu no momento exato do seu nascimento, ela nasceu junto com você. O nascimento e a morte são duas faces da mesma moeda. No instante em que nasceu, você se tornou vulnerável à morte. Não tem como fugir, ela é inevitável.

Sim, é inegável que, com os avanços da medicina, o homem chegue a viver por duzentos ou até trezentos anos, mas isso não faz a menor diferença. Não importa se você vive trinta ou trezentos anos, a duração da sua vida é irrelevante. A única coisa que realmente importa é *como* você vive, e não por quanto tempo. Se estiver adormecido, você pode viver por trinta, trezentos ou 3.000 anos, não interessa – jamais haverá celebração. Agora, quando você vive plenamente, de forma consciente, meditativa, até mesmo três minutos podem ser suficientes, um único segundo já é o bastante. Um único segundo de pleno êxtase já basta para lhe dar uma amostra da eternidade. É mais do que suficiente. É algo tão gratificante, tão enriquecedor, que você não desejará mais nada.

Pare com a evitação, senão você permanecerá adormecido. Não evite a morte, não tente fugir dos seus problemas e angústias – aceite-os, encare-os, olhos nos olhos, eles fazem parte do jogo.

A Terra é como uma grande embarcação na qual, um belo dia, você percebe estar navegando, sem fazer a menor ideia de onde veio nem para onde vai; um imenso navio em que você vê as pessoas envelhecendo, se afligindo, morrendo. E você, então, começa a questionar o que está acontecendo, mas ninguém se interessa por suas perguntas. Na realidade, basta perguntar a alguém "O que é a morte?", e, pronto, a pessoa logo fica inquieta, evasiva, querendo mudar de assunto. E ainda fica imaginando que você é um sujeito mórbido ou algo parecido: "Mas que coisa, por que falar de algo tão desagradável? Para que conversar sobre a morte?"

A própria palavra "morte" já provoca calafrios nas pessoas. Quando alguém morre, por exemplo, elas não dizem que essa pessoa morreu, mas sim que ela "faleceu". Preferem dizer que ela "faleceu", que "fez sua passagem", que "foi chamada por Deus", que "foi para o céu" – tudo isso para não usar o termo "morte". É uma gente esperta, cheia de truques. Para evitar a palavra "morte", para tentar ignorar o fato de que aquela pessoa morreu – pois isso é algo que lhes causa dor, que os aflige por mostrar que, um dia, também vão morrer –, eles dizem: "Ela foi para o céu. Agora, sim, finalmente ela está bem, pois descansa em paz, na companhia de Deus". Essa é a situação da humanidade.

As pessoas vivem profundamente envolvidas em seus próprios jogos de evitação. Alguns jogam o jogo da política – querem se tornar primeiros-ministros, presidentes, seja lá o que for; ficam absorvidos por essa obsessão. Outros são engolidos pelo jogo do dinheiro, só pensam em ficar cada vez mais ricos, em como ganhar mais e mais dinheiro. E existem aqueles que se preocupam apenas em acumular conhecimento. Todos esses jogos não passam de artimanhas inventadas pelo homem para tentar evitar os verdadeiros desafios da vida. Esses jogos lhe dão a impressão de estar resolvendo coisas. Acontece que, no que diz respeito à vida real, não há nada que possa ser resolvido – pois a vida real é um mistério, e não um problema. A morte não é um problema, ela é um mistério. Você não pode resolvê-la. Ela não é como um jogo de palavras cruzadas. Ela é um mistério, e sempre será misteriosa. É preciso que você a aceite como ela é: algo que não tem solução. Porém, através da aceitação, é possível transcendê-la. Quando você aceita a morte plenamente, ocorre uma grande transformação em seu ser.

O problema permanece, mas deixa de ser um problema. Você deixa de lutar contra ele. A própria palavra "problema" mostra que você está contra ele, que o teme, que o vê como um inimigo. Porém, quando o aceita, ele se torna um aliado, um amigo. A insegurança continua presente, mas deixa de ser um problema – pelo contrário, ela passa a ser algo instigante, que lhe provoca entusiasmo.

Por exemplo, se a sua mulher o abandonar amanhã, não se preocupe. Veja isso como um desafio estimulante, uma grande aventura na vida. Não há nada de errado nisso. Se o seu filho se tornar um *hippie*, não se preocupe. Ao menos ele está fazendo algo que você nunca fez. Você deixou de viver coisas que ele não deixará de viver. Permita que ele viva como quiser. Pois ele está muito mais vivo do que você, ele está muito mais interessado na vida real do que nos seus jogos fajutos e mentirosos. Você queria que ele fosse rico, mas ele se tornou um vagabundo. Você queria que ele fosse presidente, governador ou outra baboseira qualquer, mas, em vez disso, ele se tornou um *sannyasin**. Não se preocupe. Isso não é um problema. Muito pelo contrário. O fato é que, na verdade, você concebeu uma pessoa realmente viva – alegre-se, seja grato. Tudo isso é muito bom.

Quem sabe, pelo fato de ele ter optado por esses caminhos desconhecidos, alguma janela também se abra em sua própria mente, algum raio de luz penetre em seu ser moribundo e você comece a pulsar novamente. Quem vai saber? Você não está morto de verdade, apenas se amorteceu. Você se fechou dentro de uma armadura que, a cada dia, tornou-se mais

---

* *Sannyasin* é o termo com o qual Osho se referia aos buscadores espirituais que, em vez de renunciar ao mundo – que é o sentido original desse termo no hinduísmo –, permaneciam no mundo, mas sem se identificar com ele. (N. do T.)

e mais pesada, ficando quase impossível de você se mover. Porém, ao ver que seu filho abraça o desconhecido, talvez você consiga largar sua armadura e, pela primeira vez, atreva-se a se mover pelos labirintos misteriosos da vida. Quem sabe, pela primeira vez em sua existência, você consiga perceber que os jogos que vem jogando não fazem o menor sentido, que eles não passam de insanidades.

Você já reparou como as pessoas ficam totalmente absortas quando jogam xadrez? E nada daquilo é real. O rei, a rainha, os bispos, os cavalos… todas essas coisas são falsas, são apenas símbolos. Mas as pessoas ficam tão absortas com seus símbolos que acabam esquecendo que a vida é algo real, e não simbólico.

Veja a história que me contaram. Um homem estava dirigindo por uma estrada de terra quando viu uma placa enorme: "Cuidado, cão bravo". Um pouco mais adiante, ele se deparou com outro aviso, com os dizeres ainda maiores: "Cuidado, cão bravo". Finalmente, ele chegou até a fazenda para onde se dirigia e, para sua surpresa, na frente da casa havia apenas um pequenino poodle de guarda. Ele, então, perguntou ao dono da fazenda:

"Você está querendo me dizer que este cãozinho nanico consegue manter todos os invasores longe daqui?"

"O cachorrinho, não", respondeu o fazendeiro. "Mas as placas, sim."

E na vida é exatamente assim. Quem se dispõe a conferir se o cachorro é bravo mesmo? As pessoas se tornaram tão condicionadas por placas, símbolos, palavras, enfim, pela linguagem simbólica que nem se preocupam em averiguar se existe um cachorro ou não.

Esse tipo de truque funciona, e falo por experiência própria. Durante certo tempo, vivi numa casa na cidade e, embora eu não tivesse um cachorro, pendurei uma placa dizendo que havia um cão de guarda no local. Imagine só, não tinha sequer um poodle pequenininho, só uma grande placa na entrada: "Cuidado, cão bravo" – e as pessoas nunca se aproximavam, isso já era o suficiente para mantê-las afastadas. Você nem precisa ter um cachorro. Afinal, quem se importa com a realidade? Na verdade, as pessoas adormecem justamente como uma forma de evitar a realidade. E só fazem isso por um motivo: equivocadamente, elas consideram que os mistérios são problemas. A incerteza é um mistério; a morte é um mistério; o amor é um mistério. Tudo é misterioso. E quando digo "misterioso", quero dizer que não é algo lógico. Nada disso tem lógica. Nunca se sabe o que pode acontecer.

Sabe quando você se apaixona por alguém? Você consegue dizer por que se apaixona? Tem alguma explicação lógica para isso? Não, pois é algo que simplesmente acontece. De uma hora para outra, você se apaixona. Você cruza com uma mulher desconhecida na rua e, de repente, alguma coisa acontece. Você não consegue explicar, ela também não. Mas, subitamente, vocês se veem caminhando juntos na mesma direção. Vocês percebem que estão na mesma frequência, que combinam um com o outro. Porém, tudo pode acabar tão repentinamente quanto começou. É um mistério. Você pode viver com uma mulher durante vinte anos em profunda comunhão amorosa, sentindo todas as alegrias do amor, e, um dia, perceber que a sintonia e a ligação que havia entre vocês acabou, que isso já não existe mais. Você está aí, a mulher está aí, vocês se amaram por vinte anos – esse amor realmente existiu –, mas, de repente, da mesma forma que surgiu, ele desapareceu. Não existe mais nada. Agora, sempre há uma saída: você pode fingir, que é o que os maridos e as esposas fazem o tempo todo. Sim, você pode dissimular; é fácil fingir que o amor ainda está aí. Porém, a sua vida será o mais completo aborrecimento; não haverá mais alegria.

O amor não pode ser fingido, e muito menos controlado.

Não há como controlar o amor; ele é muito maior do que você. Ele vem da mesma fonte de onde emanam o nascimento e a morte – de onde eles nascem, nasce o amor. Estas três coisas – nascimento, amor e morte – provêm do desconhecido. Elas chegam de repente, como uma brisa, e logo voltam a desaparecer.

Você nunca conseguirá resolver esses problemas, mas você pode transcendê-los. E a única forma de transcendê-los é por meio da aceitação. Não os veja como problemas, enxergue-os como aquilo que eles são: mistérios. Assim que começar a vivê-los como mistérios, você entrará em legítima sintonia com a vida – e haverá celebração, haverá confiança.

Isso só é possível quando você não permite que a mente continue com seus jogos. O coração é o centro onde se manifestam o amor, o nascimento e a morte. Quando a morte chega, é o coração que para. Quando o amor se manifesta, é o coração que dança. Quando ocorre o nascimento, é o coração que começa a bater. Tudo aquilo que é real se manifesta no coração, e tudo aquilo que não é real se manifesta na mente. A mente é a escola do irreal, do fictício, dos jogos da ilusão.

PARTE 3

Propostas para um futuro de ouro

As pessoas sempre se referem ao passado como sendo uma era de ouro. Na verdade, o que precisamos é aprender a linguagem de um futuro de ouro.

Você não precisa mudar o mundo inteiro. Se quiser transformar o mundo, simplesmente mude a si mesmo, pois você é uma parte de tudo que existe. Se um único ser humano se transformar, essa transformação irá se irradiar para milhares e milhares de outros seres. Ele se tornará o catalisador de uma revolução que pode dar origem a um novo tipo de humanidade.

A riqueza em todas as suas dimensões

A religião é o máximo do luxo. Afinal, os pobres têm que se preocupar o tempo todo em garantir o mínimo para a sua sobrevivência, em conseguir pão e manteiga. Precisam pensar em moradia, no vestuário, no sustento dos filhos, em remédios, têm que dar um jeito de conseguir todas essas pequenas coisas – e, muitas vezes, não dão conta sequer disso. Toda a sua vida é direcionada na obtenção daquilo que é mais básico; eles não têm tempo nem espaço para se devotar a Deus. Mesmo quando vão ao templo ou à igreja, é só para pedir coisas materiais. Sua oração não é uma prece verdadeira, não é um agradecimento; ela é composta apenas de pedidos, de desejos. Eles querem isso, querem aquilo. Agora, nenhum de nós pode censurá-los, muito pelo contrário. Na realidade, eles devem ser perdoados, pois passam por várias necessidades e estão constantemente sob pressão. Como poderiam reservar algumas horas só para se sentar em silêncio, sem fazer nada? A mente não deixa, pois eles têm que se preocupar com o dia de amanhã.

Jesus disse: "Olhai os lírios do campo; eles não trabalham nem fiam, não pensam no dia de amanhã. E nem o próprio rei Salomão, em toda a sua glória, se vestiu como um deles".

Realmente, os lírios não trabalham nem pensam no dia de amanhã. Mas como você poderia dizer isso a um homem pobre? Se ele não pensar no dia de amanhã, o resultado será apenas um: amanhã estará morto. Ele precisa estar preparado para o dia seguinte. Tem que pensar no seu sustento e no de sua família, em como vai conseguir comida, se terá um emprego ou não; ele precisa pensar o tempo todo nessas coisas. Ele não pode ser como os lírios do campo, pois tem esposa, filhos e pais idosos para cuidar. Como um homem desses poderia se dar ao luxo de não trabalhar, de evitar a labuta e o esforço do dia a dia? Seria um suicídio.

Os lírios são lindos, sim, estou totalmente de acordo com Jesus. Mas acontece que essa afirmação de Jesus ainda não pode ser aplicada em relação à maior parte da humanidade. Enquanto a humanidade não for próspera e rica de verdade, essa declaração continuará sendo apenas uma teoria, algo sem nenhuma utilidade prática.

Eu gostaria que o mundo fosse muito mais rico do que é hoje. Não acredito na pobreza, e muito menos que ela tenha alguma coisa a ver com a espiritualidade. Há séculos se diz que a pobreza é algo espiritual, mas essa ideia não passa de um consolo.

Certa vez, recebi uma carta de um casal de franceses que, imagino, haviam acabado de chegar a minha comunidade, pois não compreendiam nada do meu trabalho. Eles devem ter trazido alguns preconceitos na bagagem, tamanha era a sua preocupação. Eis o que esse casal escreveu na carta: "Tem algumas coisas que não entendemos. Por que este lugar é tão suntuoso? Isso é contra a espiritualidade. E por que você anda por aí dirigindo um automóvel de luxo? Isso também vai contra a espiritualidade".

Agora, imagine só, o carro que eu dirigia nessa época era um Impala. Na verdade, nem era um carro luxuoso. Sabe quem usa esse tipo de automóvel nos Estados Unidos? Os encanadores! Bom, mas de certa forma, é isto que eu sou também: um encanador da mente – eu ajusto porcas e parafusos. O fato é que era um típico carro de uma pessoa pobre. Nos Estados Unidos, uma vizinhança onde as pessoas tinham carros como o Chevrolet Impala era chamada pejorativamente de "bairro dos Chevrolet" – é assim que se referiam aos bairros mais pobres.

Esse casal francês ainda conservava a noção ultrapassada de que existe algo de espiritual na pobreza. O ser humano viveu por tanto tempo na miséria que precisou arranjar alguma forma de consolo, caso contrário, seria algo intolerável. Ele precisou convencer a si mesmo de que a pobreza é uma coisa muito espiritual.

Só que a pobreza não tem nada de espiritual, pelo contrário – a pobreza é a fonte de todos os crimes. A única coisa que posso dizer a pessoas como esse casal é que, se desejam continuar apegados a suas crenças e preconceitos, aqui não é o lugar para vocês. Tratem de ir embora! E quanto antes, melhor. Pois eu posso corrompê-los. O que tenho a dizer é perigoso demais para pessoas desse tipo.

Para mim, a espiritualidade tem uma dimensão completamente diferente. A espiritualidade é o luxo supremo – é quando você já tem tudo no plano material e, de repente, percebe que lá no fundo ainda existe um enorme buraco a ser preenchido, uma sensação de vazio que precisa ser transformada em plenitude. Você só consegue tomar consciência do seu vazio interior quando já tem tudo no exterior. E, nesse aspecto, a ciência é capaz de fazer um milagre. Eu amo a ciência, pois ela pode criar uma possibilidade real de que, um dia, a verdadeira religião se manifeste.

Até hoje, a religião não se manifestou na Terra. Falamos muito sobre religião, mas, na prática, ela não existe; é algo que ainda não tocou verdadeiramente o coração de milhões e milhões de pessoas. Foram raríssimas as vezes que alguém conseguiu se iluminar. Por exemplo, imagine um imenso jardim povoado por milhões de plantas e árvores; se, em milhares de anos, somente uma árvore florescer, não podemos dizer que se trata realmente de um jardim. Você certamente não ficaria agradecido ao jardineiro. Você nunca diria: "Esse jardineiro é maravilhoso, veja só: após milhares de anos, dentre milhões de árvores, uma delas novamente deu uma flor". Na verdade, se isso acontecesse, só provaria uma coisa: que aquela flor conseguiu brotar a despeito da incompetência do jardineiro! De alguma forma, ele deve ter se esquecido daquela árvore, e, com isso, ela conseguiu escapar de suas garras e florescer.

O ser humano tem vivido de forma totalmente irreligiosa: ele fala o tempo todo sobre Deus, frequenta igrejas, templos, mesquitas, mas, apesar disso, a sua vida não transmite um pingo de religiosidade.

A minha visão da religião é totalmente diferente. Não tem nada a ver com pobreza. Por mim, a Terra inteira se transformaria num lugar tão rico quanto o próprio paraíso; aliás, seria mais deslumbrante ainda, para que as pessoas parassem, de uma vez por todas, de pensar nessa história. O paraíso é apenas uma ilusão que os pobres criaram para se consolar: "Nós estamos sofrendo aqui na Terra, mas isso logo vai acabar. Em pouco tempo, a morte vai chegar e iremos todos para o paraíso".

E o consolo é ainda maior, pois, além disso, os ricos serão lançados ao inferno! Jesus afirma que é mais fácil um camelo passar pelo buraco de uma agulha do que um rico entrar no reino dos céus. Que consolação! Os pobres realmente devem ter se sentido felizes e satisfeitos: "Esperem para ver, é apenas uma questão de tempo: em breve, vocês estarão ardendo nas chamas do inferno e eu estarei sentado no colo de Deus, desfrutando todos os luxos, riquezas e alegrias que não tenho aqui na Terra, que só vocês podem aproveitar". Ou seja, a ideia do paraíso parece ter, sobretudo, um gosto de vingança.

Da minha parte, eu gostaria que *esta Terra* fosse um paraíso – e isso só pode acontecer com a ajuda da ciência. Nesse sentido, como eu poderia ser contra a ciência? Eu definitivamente não sou contra ela. Porém, a ciência não dá conta de abarcar toda a vida. Ela só é capaz de criar a circunferência; o centro só pode ser criado pela religiosidade. A ciência ocupa-se do que é exterior; a religião, daquilo que é interior. E eu desejo que o ser humano seja rico nas duas dimensões: a exterior e a interior. A ciência é incapaz de enriquecer o seu mundo interno; isso só pode ser feito pela religião.

Um porém em relação à ciência é que ela ainda insiste em dizer que o mundo interno não existe; e isso, claro, é algo a que sempre vou me opor. Mas isso não significa que eu seja contra a ciência; simplesmente sou contra esse tipo de ideia. Afirmações como essa são estúpidas, e o motivo é simples: as pessoas que as fazem nunca tiveram nenhum conhecimento da dimensão interior.

Karl Marx disse que a religião é o ópio do povo – só que ele nunca experienciou a meditação. Ele passou a vida inteira no Museu Britânico, só pensando, lendo, reunindo notas, preparando-se para publicar a sua grande obra *O Capital*. Ele estava tão empenhado em adquirir mais e mais conhecimento que diversas vezes chegou a desmaiar em pleno Museu Britânico! Ele precisava ser carregado inconsciente para casa. Sem falar que, quase todos os dias, as pessoas tinham que praticamente expulsá-lo do museu, pois ele insistia em permanecer após o horário de fechamento.

Ele nunca ouviu falar de meditação na vida; só sabia pensar. Agora, em certo sentido, ele tinha razão – pois as velhas formas de religiosidade, de fato, sempre funcionaram como uma espécie de ópio. Elas contribuíram apenas para manter os pobres na situação precária em que se encontravam, para mantê-los passivos e contentes, iludidos com a esperança de que teriam algo melhor numa próxima vida. Nesse aspecto, Karl Marx está absolutamente certo. Porém, ele perde toda a razão quando levamos em conta seres como Buda, Zaratustra e Lao-Tsé. Pois esses, sim, são exemplos de pessoas verdadeiramente religiosas, e não a grande massa. As massas não sabem nada de religião.

O meu desejo é que você possa se nutrir com a sabedoria de gente como Newton, Edison, Eddington, Rutherford, Einstein; e, ao mesmo tempo, com a sabedoria de seres como Buda, Krishna, Cristo, Maomé – com isso, você poderá se enriquecer nas duas dimensões: a exterior e a interior. A ciência é bastante válida dentro dos limites em que atua, mas ela não consegue ir longe o suficiente, e nem pode. Veja bem, não estou dizendo que ela poderia ir mais longe, mas não vai – nada disso. A ciência simplesmente *não consegue* acessar a dimensão interior de seu ser. A própria metodologia da ciência a impede de fazer esse mergulho interno. Ela só consegue se voltar para fora, só dá conta de estudar as coisas de forma objetiva; ela nunca conseguiria penetrar a subjetividade das coisas. Isso é uma tarefa para a religião.

A sociedade precisa da ciência e, também, da religiosidade. E, se você me perguntar qual deve ser a prioridade máxima, a resposta é simples: a ciência. Em primeiro lugar, o exterior, a circunferência – depois, então, o interior; pois a dimensão interna é mais sutil, mais delicada.

Sim, a ciência pode criar as bases para que a verdadeira religiosidade se manifeste na Terra.

• • •

Eu não tenho a menor simpatia por aquelas pessoas que, no passado, em nome da religião, tornaram-se engaioladas em sua introversão. Isso é só uma forma de extremismo. Enquanto alguns se aferram a um jeito extrovertido de ser, outros, no extremo oposto, tornam-se introvertidos, fecham-se em seu recolhimento. Na verdade, ambos se tornam mortos. A vida pertence àqueles que são flexíveis, que têm a capacidade de se mover da extroversão para a introversão, assim como da introversão para a extroversão, tão facilmente quanto você entra e sai de seu lar. Se faz muito frio dentro de casa, você sai para tomar um pouco de sol; se esquenta demais lá fora, volta para abrigar-se na sombra e no frescor da casa – não há dificuldade; é simples assim.

A meditação não implica uma oposição ao mundo exterior. Isso foi apenas uma ideia defendida no passado. E foi justamente por isso que a religião fracassou, e não poderia ter sido diferente; ela jamais teria sucesso. Pois a vida é fluxo, é movimento. Sempre que você se congela em algum tipo de postura, você se torna um objeto.

Por exemplo, todos os monges sempre foram introvertidos; eles fecharam os olhos para o mundo exterior. É por isso que a ciência não conseguiu se desenvolver no Oriente, embora os primeiros passos nesse sentido até tenham sido dados por lá – a matemática nasceu na Índia, e as origens do desenvolvimento tecnológico podem ser encontradas na China. Acontece que foram dados os primeiros passos, mas parou por aí, não houve continuidade. Por quê? Por uma única razão: as pessoas mais brilhantes do Oriente se enclausuraram numa postura de recolhimento, de introversão; elas perderam o interesse no mundo objetivo, fechando-se completamente para ele. E esse tipo de rigidez faz com que apenas metade de seu potencial consiga se realizar.

Por sua vez, o Ocidente fez exatamente o contrário: ele tornou-se absolutamente extrovertido, ele só sabe olhar para fora, não sabe como voltar-se para dentro. A mente ocidental não crê na existência de uma dimensão interior, não acredita na alma. Para ela, o ser humano é dotado apenas de comportamentos que se manifestam no exterior, e não de uma existência interna. O Ocidente estuda os comportamentos, mas afirma que, por trás deles, não existe ninguém. Ou seja, tudo é mecânico, o ser humano é somente um robô. Quando não se reconhece a alma, o ser humano torna-se meramente um robô, um maravilhoso mecanismo que foi desenvolvido ao longo de milhões de anos – durante toda a epopeia da evolução –, mas que não é nada mais que isso: uma máquina sofisticada.

A única razão de Adolf Hitler ter sido capaz de assassinar tanta gente foi esta: se o ser humano é só uma máquina, que mal há em matar milhões de pessoas? Se você destruísse o seu relógio de pulso, não sentiria culpa alguma; afinal, por mais sofisticado que seja, não passa de um relógio, de um objeto. Se quisesse destruí-lo, o problema seria seu, ninguém poderia dizer nada; você não poderia ser levado ao tribunal como um assassino. Stálin também conseguiu exterminar milhões de pessoas de forma tão banal, sem ter nenhuma crise de consciência, pelo mesmo motivo: o marxismo não acredita na existência da alma – o ser humano não passaria de um amontoado de matéria, e a consciência, por sua vez, seria somente um subproduto disso. Esse é um dos extremos.

No Ocidente, a ciência evoluiu, mas a religião desapareceu. Já no Oriente, a religião floresceu, mas a ciência sumiu. Em ambos os casos, o homem permaneceu empobrecido, pela metade.

Meu propósito é criar um ser humano inteiro, pleno, que tenha a capacidade de ser religioso e científico ao mesmo tempo.

Veja esta pequena fábula. Um cachorro grande e sarnento estava ameaçando terrivelmente uma gata e seus filhotinhos. Ele já havia encurralado os felinos num canto do celeiro quando, de repente, a gata ergueu-se sobre as patas traseiras e começou a latir e a rosnar ferozmente. Assustado e confuso, o cachorro colocou o rabo entre as pernas e fugiu na hora.

A mãe, então, virou-se para os gatinhos, ergueu uma das patas e disse: "Agora vocês veem a vantagem de sermos bilíngues?"

É isto que eu desejo: que o homem seja bilíngue. Ele deve conhecer a ciência tão profundamente quanto a religião. Deve compreender a mente tanto quanto a meditação. Deve saber falar a língua do mundo objetivo – que é a ciência –, assim como a língua do mundo subjetivo, que é a religião.

Só quem é capaz de fazer uma ponte entre o mundo objetivo e o subjetivo, entre o Oriente e o Ocidente, entre a matéria e o espírito pode ser uma pessoa inteira, plena, realizada. O planeta ainda está esperando pela chegada do ser humano inteiro. Se ele não vier logo, não haverá futuro para a humanidade. E esse ser pleno e realizado só poderá nascer de uma inteligência verdadeiramente profunda.

• • •

A Terra é a nossa casa, e devemos ser o mais terrenos quanto possível. A espiritualidade só é verdadeira se estiver enraizada na Terra, naquilo que há de terreno em nós. Qualquer forma de espiritualidade que negue a dimensão terrena, que rejeite a própria Terra, torna-se algo abstrato, etéreo, ilusório. Transforma-se numa coisa sem sangue e sem vida.

Por exemplo, qual é o problema em ter dinheiro? Não existe mal algum nisso. A questão é não se apegar, não se tornar possessivo em relação a ele. Você deve ser capaz de usá-lo, em vez de se prender nas garras da avareza. O dinheiro precisa ser criado, mas também deve ser usufruído. Ele é uma invenção maravilhosa e, se usado de forma correta, pode ser uma grande bênção. Pois ele nos possibilita muitas coisas, faz com que inúmeras coisas se tornem realidade. O dinheiro é um fenômeno mágico. Ter uma nota de 100 dólares na carteira é o equivalente a se ter milhares de coisas no bolso. Você pode ter uma infinidade de coisas com essa nota de 100. Pode materializar alguém para massagear seus pés, pode materializar uma refeição, pode materializar *qualquer coisa*! Essa única nota de 100 carrega milhares de possibilidades em si. Sem ela, tudo isso se torna inviável; sua vida se torna muito mais limitada. Por exemplo, pode até ser que você arranje alguém para lhe fazer uma massagem, mas as suas possibilidades se esgotam por aí. Se, de repente, você tiver fome ou sede, essa pessoa não poderá ajudá-lo em nada. Agora, uma nota de 100 pode ajudá-lo de muitas maneiras, ela pode fazer milhões de coisas. As possibilidades são infinitas. O dinheiro é uma das grandes invenções da humanidade, não há razão alguma para alguém estar contra ele. Eu não estou.

Use o seu dinheiro, usufrua de tudo que ele permite, mas não se apegue a ele. O mal está no apego, na avareza. Quanto mais você se apega ao dinheiro, mais pobre o mundo se torna – pois o dinheiro só se multiplica quando está em movimento, ao circular de mão em mão.

Outra forma de nos referirmos ao dinheiro é com o termo "moeda corrente". Isso indica simplesmente que o dinheiro é algo que deve estar sempre em movimento, em fluxo, como a corrente de um rio. Ele deve estar continuamente fluindo de uma mão para outra. Quanto mais se movimentar, melhor.

Por exemplo, imagine que eu tenha uma nota de 100 dólares e a guarde só para mim; nesse caso, será uma única cédula de 100. Agora, imagine o seguinte: eu lhe dou essa nota, você a passa adiante, e cada pessoa que a recebe vai fazendo o mesmo; quando ela tiver passado pelas mãos de dez pessoas, é como se tivéssemos 1.000 dólares, pois, na verdade, foi esse o valor total dos bens trocados – ou seja, aquela nota de 100 terá sido multiplicada por dez.

Se você sabe usar o dinheiro de forma correta, não existe mal algum. O mal está na avareza. Sim, a avareza significa que você ficou obcecado pelo dinheiro; ele deixa de ser um meio, tornando-se um fim em si mesmo.

• • •

Não sou contra a riqueza, pelo contrário – sou a favor da religiosidade. Veja bem, é preciso que você seja uma pessoa extremamente inteligente para que, mesmo sendo pobre, consiga perceber a futilidade de se ter muitas posses. É necessário um alto nível de percepção; pois, nesse caso, você tem que ser capaz de pensar em algo que não possui e, ao mesmo tempo, reconhecer que essa coisa não significa nada. É muito difícil perceber a insignificância de algo quando você ainda não o possui. Depois que se possui alguma coisa, é até simples perceber que ela não tem nenhum sentido.

Assim, a verdade é esta: um pobre que se torna religioso demonstra inteligência; um rico que permanece irreligioso revela estupidez. Quando um homem rico não é religioso significa simplesmente que é um tolo. No caso de um homem pobre, não – se ele não é religioso, merece apenas a nossa compaixão; não se trata de um tolo, podemos perdoá-lo. Agora, nenhum rico que permaneça irreligioso pode ser perdoado, pois isso revela o quanto ele é estúpido: embora possua todo tipo de riqueza, ainda não foi capaz de perceber a futilidade de tudo isso.

Lembre-se disso: a sua avareza revela apenas que você se sente vazio. E há duas opções. Você pode tentar preencher esse vazio com coisas, o que nunca vai adiantar. Ou você pode voltar-se para o seu crescimento interior, para a expansão da sua consciência, e aí, sim, o vazio será preenchido.

As pessoas podem desperdiçar toda a energia de sua vida em nome da avareza, da cobiça, mas esse tipo de ambição não as ajudará em nada.

A ciência a serviço da vida

Todos os cientistas deveriam escutar o seu coração. Isso geraria uma transformação completa na própria natureza da ciência. Ela não estaria mais a serviço da morte, não se preocuparia mais em ficar criando armas cada vez mais destrutivas. A ciência estaria a serviço da vida. Ela passaria a criar rosas mais belas e perfumadas, criaria plantas, animais, pássaros e seres humanos cada vez melhores, enfim, ela se voltaria para o aperfeiçoamento de toda a existência.

E tudo isso com a consciência de que a meta mais fundamental é alcançar o âmago do ser. Se um cientista for capaz de usar a sua mente em tudo que diz respeito ao mundo concreto – o seu coração em tudo que se refere às relações interpessoais e o seu próprio ser ao lidar com a existência como um todo, ele será um homem perfeito.

Minha visão do novo homem é a de um ser perfeito. E perfeito no sentido de que as três dimensões de sua vida – a mente, o coração e o ser – atuam sem nenhuma contradição, elas não ficam lutando umas com as outras; muito pelo contrário, elas se complementam.

O ser humano perfeito criará um mundo perfeito; um mundo de cientistas, de poetas, de meditadores.

No meu modo de ver, essas três dimensões deveriam se manifestar de forma perfeita em cada ser humano, pois cada pessoa é um mundo. Na verdade, essas três dimensões se manifestam no indivíduo, e não na sociedade; por isso, meu foco é o indivíduo. Se eu puder transformar o indivíduo, mais cedo ou mais tarde o mundo inteiro se transformará.

Ele não terá outra saída, pois será impossível ficar indiferente à maravilha do novo homem.

O novo homem não será talentoso apenas em relação à matemática; ele também será capaz de compor e apreciar todo tipo de música, de dançar, de tocar um instrumento, de pintar, de cantar, enfim, ele exercerá inúmeras atividades que deixarão sua mente absolutamente relaxada, em repouso.

E, ao mesmo tempo, ele irá mais além; não permanecerá ligado exclusivamente às dimensões da mente ou do coração. Haverá momentos em que ele irá mergulhar ainda mais fundo, e simplesmente ser.

Lembre-se disso: o centro de onde nasce o seu ser é o próprio centro da sua vida. Sempre que você acessa esse espaço interior, que consegue tocá-lo, você rejuvenesce. E todas as energias do seu coração e da sua mente se multiplicam, pois a cada dia, a cada momento, elas são revigoradas com novas energias.

Mesmo um cientista genial, como foi o caso de Albert Einstein, utiliza apenas 15 por cento de seu potencial. Imagine então no caso de pessoas comuns! Elas nunca vão além dos 5 ou 7 por cento.

Porém, quando as três dimensões estiverem atuando em conjunto, harmonicamente, aí, sim, o homem será capaz de atingir a plenitude de seu potencial. Nós temos toda a capacidade de criar um paraíso exatamente aqui, nesta Terra.

Está em nossas mãos – basta apenas um pouco de esforço, é preciso só um pouco de coragem.

Sim, o mundo precisa ser científico para que existam todas as tecnologias e comodidades de que necessitamos. Porém, é imprescindível que ele também seja poético; caso contrário, o ser humano vira um robô. Pois a mente é um simples computador. Sem a poesia, a música, a dança e as canções, ela seria inútil, pois tudo aquilo que ela faz pode ser feito de forma muito mais eficiente e infalível por um computador. Por exemplo, os papas declaram que são infalíveis; mas isso está longe de ser verdade. Se quisessem realmente ser infalíveis, teriam que substituir o seu cérebro por um computador; aí, sim, poderiam afirmar algo assim.

Quando são vividas através do coração, a experiência e a própria expressão do amor e da beleza ganham uma dimensão completamente diferente. Mas isso não é tudo. A menos que uma pessoa acesse o âmago do seu ser, permanecerá descontente, insatisfeita. E uma pessoa descontente é muito perigosa, pois é capaz de fazer qualquer coisa para se livrar da sua insatisfação.

Uma pessoa realmente rica é aquela que conhece a si mesma, que conhece o âmago de seu ser. Na realidade, é justamente aí que se encontra o Reino de Deus. Esse é o seu reino, onde você, de fato, é um deus. Lá no fundo, no cerne de seu próprio ser, o imperador é você.

É por isso que eu sempre digo que, em meu império, só existem imperadores. E nós temos que expandir esse império o mais rapidamente possível, pois, a cada momento, as forças da morte se aproximam mais e mais. Mas, seja como for, eu mantenho a esperança e a certeza de que a vida não pode ser derrotada pela morte.

Precisamos de pessoas que estejam a favor da vida, que afirmem a vida. Quando alguém está transbordando de vida, isso se torna algo contagiante, que vai se espalhando para as outras pessoas.

Assim, esteja você onde estiver, alegre-se, celebre. Permita que seu amor, sua vida e seu sorriso se espalhem pelo mundo inteiro, que contagiem todos os seres.

Isso é perfeitamente possível. É preciso que seja possível.

E só nós podemos fazê-lo! Não há ninguém mais que possa assumir essa responsabilidade. Somos a única alternativa. Sim, nós somos a resposta para todas as questões que pairam em torno da humanidade.

• • •

A ciência que temos hoje é totalmente desequilibrada; ela leva em conta apenas a esfera material, desconsiderando por completo a dimensão espiritual da vida, e isso é algo bastante perigoso. Quando se considera que o homem é apenas matéria, a vida perde todo o significado. Afinal, que sentido poderia haver na vida se o homem fosse somente isso? Que poesia, que significado, que glória poderiam existir na vida? Essa noção de que o ser humano é só um amontado de matéria rouba toda a sua dignidade. Essa suposta ciência que temos hoje priva o homem de toda a sua glória. Por isso existe tamanha sensação de vazio e de falta de sentido por toda parte.

As pessoas estão se sentindo absolutamente vazias. Sim, é inegável que hoje temos uma tecnologia mais avançada, que possuímos máquinas, casas e alimentos melhores do que nunca. Porém, toda essa abundância, todo esse progresso material não têm nenhum valor a não ser que você sinta um lampejo de discernimento – algo que lhe permita transcender a matéria, o corpo e a mente –, a não ser que sinta, ao menos, um sopro da fragrância do além. Mas a ciência nega o transcendente, ela não reconhece nada que vá mais além.

A ciência divide a vida em duas categorias: o conhecido e o desconhecido. Já a religiosidade a divide em três categorias: o conhecido, o desconhecido e o incognoscível. E o sentido da vida vem apenas do incognoscível, do mistério, daquilo que é impossível conhecer. Na verdade, o conhecido de hoje era o desconhecido de ontem, e o desconhecido de hoje será o conhecido de amanhã. Em essência, não existe diferença alguma entre o conhecido e o desconhecido, trata-se apenas de uma questão de tempo.

O incognoscível, por sua vez, apresenta uma qualidade totalmente diferente dessa dicotomia entre o conhecido e o desconhecido. No incognoscível, o mistério sempre permanece – não importa o que você faça, não importa o quanto se aprofunde, é impossível desvendá-lo. Na verdade, é justamente o contrário: quanto mais profundamente você vai, mais o mistério se aprofunda. Na vida de todo buscador espiritual, chega um momento em que ele simplesmente desaparece no mistério, como uma gota de orvalho que se evapora ao sol da manhã. Então, resta apenas o mistério... Essa dissolução é o ápice da plenitude, do contentamento, da realização – é o retorno ao lar. Você pode chamar isso de Deus, de nirvana ou da forma que preferir.

Eu não sou contra a ciência – na verdade, minha abordagem é basicamente científica. A questão é que a ciência tem as suas limitações, ela sempre para ao atingir determinado ponto, e eu não – eu sigo adiante, vou além.

Use a ciência, mas não seja usado por ela. Sem dúvida, é excelente que tenhamos à nossa disposição uma tecnologia avançada, pois, com ela, podemos nos livrar de muitas formas de trabalho estúpido e sem sentido, de muitas formas de escravidão. A tecnologia pode ser útil tanto para os homens como para os animais. Por exemplo, até hoje milhares de animais são torturados, sofrendo cotidiana e desnecessariamente porque os usamos para trabalhar. Ora, as máquinas poderiam substituí-los e realizar todo o trabalho. Desse modo, homens e animais seriam livres.

Na realidade, espero que, um dia, a humanidade possa estar completamente livre do jugo do trabalho. Assim que atingir esse estágio, ela começará a crescer em todos os sentidos – em termos estéticos, de sensibilidade, de relaxamento, de meditação. A humanidade, então, vai se tornar muito mais artística e espiritual, pois todas as pessoas terão mais tempo e energia disponíveis.

Repetindo, eu não sou contra a ciência. Muito pelo contrário. Para mim, o mundo deveria ter cada vez mais acesso à ciência, pois, com isso, o ser humano finalmente poderia se voltar para coisas mais elevadas.

• • •

A nova humanidade não terá prisões, juízes, nem qualquer tipo de perito criminal. Coisas desse tipo são absolutamente desnecessárias, elas são como cânceres que se espalham pelo corpo da sociedade. Em vez disso, a nova humanidade terá cientistas e profissionais dotados de empatia, seres meditativos e compassivos que conseguirão compreender os motivos que levaram determinada pessoa a cometer um crime; por exemplo, um estupro – esse homem seria realmente responsável por seu crime? A meu ver, em hipótese alguma ele poderia ser responsabilizado. Ou ele cometeu o estupro por causa de todos os séculos de repressão promovida por igrejas e sacerdotes, sempre com sua pregação do celibato – e o estupro seria o resultado dessa moral repressiva –, ou, do ponto de vista biológico, ele sofre de alguma disfunção hormonal que o impele a praticar esse tipo de crime.

Veja bem, apesar de vivermos numa sociedade contemporânea, a grande maioria dentre vocês, na verdade, não pode ser considerada uma pessoa contemporânea, pois não sabe nada do que se passa em relação às mais recentes descobertas científicas. Tudo isso porque o seu próprio sistema educacional, assim como seus governos e instituições religiosas, impedem que você tenha acesso a esse tipo de conhecimento.

Nesse sentido, punir aquele homem seria simplesmente um exercício de estupidez. O fato de castigá-lo não irá mudar os seus hormônios. Jogá-lo na cadeia irá apenas transformá-lo em algum tipo de pervertido. Assim, a responsabilidade por esse tipo de crime está, de fato, em nosso apego idiota aos preceitos de religiões caducas, que não contam com o suporte nem o revigoramento proporcionados pela investigação científica.

A nova comunidade dos homens será baseada na ciência, e não na superstição. Por exemplo, se alguém cometer um ato prejudicial à comunidade, essa pessoa será examinada com cuidado, pois pode ser que precise de alguma ajuda no nível psicológico ou biológico. A sua mente também será analisada, pois, quem sabe, ela necessite de algum tipo de terapia. Mas a grande possibilidade é de que nem o corpo nem a mente sejam a causa primordial do problema. O mais provável é que, de fato, essa pessoa precise é de uma completa regeneração espiritual, de uma profunda purificação meditativa.

Em vez de tribunais, deveríamos ter os mais variados tipos de centros de meditação, para que cada indivíduo pudesse encontrar a ajuda mais adequada ao seu próprio jeito de ser. Da mesma forma, em vez desses irrelevantes advogados e peritos criminais – que são apenas parasitas a sugar o nosso sangue –, deveríamos ter nas cortes especialistas de diversos ramos da ciência, pois o caso de uma pessoa pode estar relacionado a uma disfunção química, o de outra a um defeito biológico, e o de outra a um distúrbio psicológico. Precisamos de especialistas dos mais variados ramos da ciência, das mais variadas linhas terapêuticas e de meditação, pois só assim conseguiremos ajudar esses pobres seres, que têm sido vítimas de forças desconhecidas e a quem, ignorantemente, nós castigamos. Essas pessoas têm sofrido duplamente.

Primeiro, elas sofrem pela ação de forças biológicas desconhecidas. E, em seguida, padecem nas mãos do sistema judicial, cujos representantes não passam de carniceiros – juízes, advogados, peritos legais, carcereiros… todos não passam de capangas de um sistema desumano. É uma insanidade tão grande que os futuros seres humanos não conseguirão sequer acreditar que algum dia tenha sido assim. Tal como, hoje, nos custa acreditar que certas coisas aconteceram no passado.

Outro dia, li uma notícia num jornal indiano sobre uma mulher que, supostamente, estaria tendo relações sexuais com o diabo. Imagine só, o diabo está praticamente morto há séculos – como é que, de repente, ele resolve aparecer nessa pequena vila na Índia? Mas a história não termina aí. As pessoas da vila levaram a mulher até o sacerdote local, e adivinhe o que esse sujeito fez: ordenou que ela fosse pendurada de cabeça para baixo e açoitada, pois o demônio ainda estaria dentro do seu corpo! Alguém chegou até a informar a polícia da cidade mais próxima, mas não adiantou nada. Quando os policiais chegaram, a população não quis ouvir, eles estavam obcecados. Mais de duzentas pessoas barraram o caminho dos oficiais, dizendo: "Vocês não têm o direito de interferir em nossas crenças religiosas". E eles continuaram açoitando a pobre mulher até matá-la! Enquanto ela não morreu, eles não ficaram satisfeitos. Ninguém conseguiu encontrar o diabo, mas assassinaram a mulher.

Esse tipo de prática já foi algo bastante comum em todo o mundo. Os loucos, por exemplo, eram violentamente espancados como uma forma de curar sua loucura; o mesmo acontecia com as pessoas que sofriam de esquizofrenia, ou com aqueles que, supostamente, estivessem possuídos por algum espírito – todos eram espancados praticamente até a morte, pois acreditava-se que esse era o melhor tratamento. O resultado? Milhões de pessoas morreram graças a formidáveis tratamentos como esse.

Veja bem, podemos até dizer que as pessoas antigamente eram ignorantes, bárbaras, primitivas. Mas é o mesmo que, no futuro, será dito sobre nós. Aliás, é isso que já estou dizendo agora: os seus tribunais são desumanos, suas leis são desumanas. A própria ideia de punição não tem nada de científica. Na verdade, não há uma só pessoa no mundo que seja criminosa. Há, sim, pessoas profundamente doentes, que precisam de compaixão e de um tratamento científico – com isso, metade dos crimes desapareceria na hora.

● ● ●

A propriedade privada é a origem dos roubos, é ela quem cria ladrões. Imagine como seria se ela desaparecesse... E a minha ideia de comunidade é esta: um espaço onde não há propriedade privada, onde tudo pertence a todos. Com isso, naturalmente os roubos deixarão de existir. Por exemplo, você não rouba água com o intuito de acumular, e muito menos fica roubando ar... Uma comunidade precisa criar tamanha prosperidade, tamanha abundância, que nem a pessoa mais estúpida do mundo pensaria em acumular nada. Afinal, acumular para quê? Qualquer coisa que ela queira estará sempre lá, fresquinha e disponível. O próprio dinheiro vai desaparecer como meio de troca, pois as necessidades de todos serão atendidas pela comunidade. Agora, ao mesmo tempo, todos terão que produzir, todos precisarão contribuir para que a comunidade floresça em abundância. E com um detalhe: todos terão que aceitar, inclusive, o fato de que algumas pessoas serão preguiçosas, pois não há mal algum nisso.

Em todas as famílias, você sempre encontra algum membro preguiçoso. Há sempre um poeta, um pintor, ou alguém que só pensa em tocar flauta – mas todos amam aquela pessoa. Ou seja, numa comunidade, sempre haverá um certo número de pessoas preguiçosas, mas elas serão respeitosamente aceitas. Na verdade, uma comunidade que não tenha alguns indivíduos preguiçosos está fadada a ser muito menos próspera do que aquelas que contam com algumas pessoas preguiçosas, que não fazem nada além de meditar ou tocar violão, enquanto os outros labutam nas plantações. O caso é que precisamos de uma perspectiva mais humana em relação às coisas. Essas pessoas não são inúteis. Pelo contrário. Embora não sejam produtivas do ponto de vista material, elas são capazes de produzir alegria, de criar uma atmosfera calorosa e feliz na comunidade – e essa é uma contribuição mais do que significativa.

Com o desaparecimento do dinheiro como meio de troca, muitos crimes também vão desaparecer. Além disso, imagine o que pode acontecer quando, desde pequenas, as crianças forem ensinadas a ter reverência pela vida, a reverenciar as árvores, os pássaros e os animais, simplesmente pelo fato de estarem vivos – você acha que, algum dia, uma criança dessas poderia se tornar um assassino? Isso é praticamente inconcebível. E você acha que alguém pensaria em cometer suicídio quando sua vida é alegre, cheia de danças e canções? Claro que não. Num cenário como esse, 90 por cento dos crimes desapareceriam automaticamente, restando apenas uma pequena parte, que seriam crimes com causa genética, que necessitam de cuidados médicos, de hospitalização – mas nunca de cadeias, penitenciárias ou penas de morte. Tudo isso é absolutamente horrendo, desumano, insano.

O novo homem não precisará viver sob a tutela de nenhuma lei ou de nenhuma ordem. O amor será a sua lei, a compreensão será a sua ordem. E, nas situações mais complicadas, nos casos mais delicados, a ciência será o seu último refúgio.

• • •

Eu compreendo todas as preocupações em relação a um possível mau uso da engenharia genética. Isso é algo que também me preocupa. Porém, há vários aspectos que precisam ser levados em conta. Em primeiro lugar, nunca devemos agir a partir do medo. Até hoje, não teríamos conseguido nenhuma forma de progresso se as ações do homem tivessem sido pautadas pelo medo.

Vamos pensar, por exemplo, na invenção da bicicleta – você consegue imaginar algum tipo de perigo que as bicicletas possam oferecer? É simplesmente impensável que uma bicicleta seja algo perigoso. Pois bem, mas eis que chegam os irmãos Wright e usam justamente as partes de uma bicicleta para criar a primeira máquina voadora. O mundo inteiro comemorou. Claro, pois ninguém poderia prever que os aviões seriam usados para destruir cidades inteiras, para matar milhões de pessoas durante a Primeira Guerra Mundial.

Acontece que, dia após dia, esses mesmos aviões transportam milhões de pessoas em todo o planeta. Os aviões transformaram o mundo num lugar pequeno, permitindo que se tornasse a aldeia global que é hoje. Eles criaram pontes entre as pessoas, promoveram a ligação entre as mais diferentes raças, crenças e culturas, de uma forma tão ampla que nenhuma outra invenção havia conseguido antes. Por isso, a primeira coisa a se lembrar é esta: agir motivado pelo medo nunca é o melhor caminho.

Procure sempre agir cautelosamente, com consciência, levando em conta todas as possíveis eventualidades e perigos, e criando as condições adequadas para que esses mesmos perigos não se manifestem. Agora, veja bem: o que poderia ser mais perigoso do que todas essas armas nucleares nas mãos dos políticos? E vocês fizeram exatamente isto: colocaram nas mãos desse tipo de gente a coisa mais perigosa do mundo.

Porém, não é preciso ter medo – até mesmo as armas nucleares podem ser usadas de forma criativa. E eu tenho total confiança na vida, tenho certeza de que essas armas um dia serão usadas criativamente. A vida jamais permitiria que alguém a destruísse assim tão facilmente; ela vai oferecer uma tremenda resistência. E essa resistência traz em seu ventre a semente do nascimento de um novo homem, de uma nova aurora, de uma nova ordem, de uma vida e uma existência completamente novas.

Por exemplo, a meu ver, as armas nucleares tornaram impossível haver uma nova guerra mundial. Nem o Buda Gautama nem Jesus Cristo conseguiram fazer isso. Todos os santos do mundo, sem exceção, sempre falaram em prol da não violência e contra a guerra, mas suas palavras não serviram para nada. As armas nucleares, por sua vez, cumpriram o seu trabalho direitinho.

Diante de um perigo tão grande, no fundo, todos os políticos tremem de medo, pois sabem que, se eclodir uma Terceira Guerra Mundial, toda a vida na Terra será devastada – incluindo a vida deles. Nenhum deles conseguiria se salvar. Não escaparia ninguém. Nesse sentido, essa é uma grande oportunidade para todos aqueles que amam a criação. É um momento em que podemos direcionar todo o enfoque da ciência em prol da criatividade. Lembre-se de que a ciência é uma coisa neutra. Ela simplesmente lhe dá poder. Agora, a forma como esse poder será usado depende apenas de como você e a humanidade usarão a inteligência. A ciência nos dá o poder de criar uma vida muito melhor, com mais conforto e saúde para todos os seres. O que é algo bem mais proveitoso do que proibir a ciência por medo de que algum sistema totalitário faça um mau uso dela...

Qualquer coisa pode ser usada de forma errada. Porém, tudo o que pode ser prejudicial também pode ser uma fonte de grandes benefícios. Assim, não devemos condenar coisa alguma, mas, sim, procurar elevar o nível de consciência da humanidade.

O importante é não voltar para trás, é não regredir a estágios em que já estivemos antes, pois isso contribuiria apenas para o fim da humanidade. O essencial é seguir em frente, mas incorporando as lições do passado – com isso, ao mesmo tempo que a ciência e a tecnologia evoluírem, a consciência do ser humano também se desenvolverá. E essa será a salvaguarda para que a tecnologia não se torne uma ameaça para a humanidade.

Não devemos agir em função do medo; a questão é enxergar as coisas sob uma perspectiva mais ampla. Se existe algum medo, ele certamente não vem do poder que a ciência proporciona. O medo é gerado pela pavorosa inconsciência do homem, que transforma tudo aquilo que toca em algo perigoso e venenoso.

É preciso transformar o homem, e não deter o progresso da ciência.

• • •

O mundo pode ser um lugar maravilhoso. Claro, há muitos riscos e perigos, mas saiba que estou muito mais consciente deles do que você. Mesmo assim, estou disposto a assumir todos os riscos, pois o homem não tem nada a perder. Afinal, hoje ele não possui nada – e, se é assim, por que ter tanto medo? Ele não tem nada a perder; só tem a ganhar.

Todos os riscos podem ser assumidos; sim, desde que se tenha consciência, discernimento. Por isso eu me empenho tanto em fazer com que as pessoas sejam mais alertas e conscientes – pois, assim que uma parcela da humanidade já estiver alerta e consciente, teremos um imenso e maravilhoso trabalho a realizar. Enquanto isso, essas pessoas conscientes serão os nossos guardiões, serão elas as responsáveis por garantir que a tecnologia não seja usada para fins maléficos.

Podemos tomar todo tipo de precaução, só não podemos voltar para trás.

Educação para a vida

A criança precisa do seu amor, e não da sua ajuda. Ela precisa de nutrição e de apoio, mas não da sua ajuda.

O potencial inato de uma criança é algo totalmente desconhecido por nós; por isso, é impossível saber ao certo como ajudá-la a atingir esse potencial. Quando não se conhece o objetivo, fica muito difícil ajudar; o máximo que se pode fazer é não interferir. O problema é que, com a desculpa de estar ajudando, todas as pessoas interferem na vida umas das outras – e, como ajudar é algo nobre, ninguém se opõe a isso.

Se uma criança puder viver inocentemente até os 7 anos, sem ser corrompida e doutrinada pelas ideias dos outros, será impossível desviá-la do desenvolvimento de seu próprio potencial. Os primeiros sete anos da vida de uma criança são os mais delicados, os mais vulneráveis. E, apesar disso, nesse período as crianças ficam justamente nas mãos de gente como pais, professores e sacerdotes...

Se existe uma questão vital é esta: como encontrar uma forma de proteger as crianças de seus pais, sacerdotes e professores. O caso é que essa é uma questão de dimensões tão grandes que parece quase impossível achar uma saída.

Assim, lembre-se disso: não se trata de ajudar a criança, mas de protegê-la.

Se você tiver um filho ou uma filha, antes de mais nada, trate de protegê-los de você mesmo! E proteja-os de todas as pessoas que possam influenciá-los; ao menos até os 7 anos, proteja-os. A criança é como uma plantinha pequena, frágil e delicada – qualquer vento forte pode destruí-la, qualquer animal pode devorá-la.

É preciso criar um espaço de proteção em torno dela, como uma pequena cerca ao redor de uma planta. E isso não significa que você quer aprisioná-la, mas, sim, protegê-la. Quando a planta tiver crescido, a cerca pode ser removida.

Proteja a criança de qualquer tipo de influência, para que ela possa preservar sua autenticidade, para que consiga permanecer como realmente é. Esse cuidado é necessário apenas até ela completar 7 anos, pois, após esse período, ela já estará enraizada, centrada e forte o suficiente. Você não faz ideia da força que uma criança de 7 anos pode ter, pois nunca conheceu uma criança que não tenha sido corrompida. Até hoje, você só conheceu crianças que foram corrompidas, adulteradas. E todas elas carregam os medos e a covardia de seus pais e de suas famílias. Elas não são elas mesmas.

Agora, se uma criança permanecer pura e inocente até os 7 anos... você ficará abismado ao encontrá-la pela frente! Sua inteligência será afiada como uma espada; seus olhos serão brilhantes, sua percepção será clara. Você poderá sentir uma tremenda força interior nessa criança, algo que não vê nem em adultos de 70 anos, pois as bases desses adultos são débeis e frágeis, não oferecem sustentação alguma. Na verdade, quanto mais se ergue o edifício dessas pessoas, mais instáveis e vacilantes elas se tornam.

Isso é algo que todos podem ver: à medida que as pessoas ficam mais velhas, vão se tornando cada vez mais medrosas. Por exemplo, alguém pode ser ateu na juventude, mas basta envelhecer e já começa a acreditar em Deus. Qual é a razão disso?

Quando tem menos de 30 anos, ele é um *hippie*, um *outsider*, tem coragem suficiente para ir contra os condicionamentos da sociedade e viver da sua própria maneira. Ele usa os cabelos compridos, deixa a barba crescer, viaja ao redor do mundo, assume toda forma de risco. Porém, quando chega aos 40, tudo isso já desapareceu. Você poderá vê-lo num escritório qualquer, vestindo um terno cinza, de barba feita, cabelos penteados, todo arrumadinho. Você não conseguiria sequer imaginar que aquela pessoa, um dia, foi um *hippie*.

Aliás, onde foram parar todos os *hippies* do mundo? Eles surgiram como uma grande força, eram pessoas cheias de energia e vitalidade. De repente, essas mesmas pessoas estão todas aí, como se fossem cartuchos de bala vazios, impotentes, derrotadas, deprimidas, procurando apenas arranjar um jeito de ganhar a vida, convencendo-se de que todos aqueles anos como *hippies* foram um desperdício. Alguns até conseguiram ir mais longe; um se tornou presidente, outro foi eleito governador. Mas a ladainha é sempre a mesma: "Meu Deus, como nós éramos estúpidos... Ficávamos só tocando violão, enquanto o mundo inteiro passava na nossa frente". Todos se arrependeram. A coisa mais difícil é encontrar um *hippie* mais velho.

Preste muita atenção: se você for pai ou mãe, precisará encontrar toda a coragem possível para não interferir na vida de seus filhos. Em vez de interferir, abra as portas de mundos desconhecidos para o seu filho, de modo que ele mesmo possa explorá-los. Ele ainda não sabe o que traz dentro de si, ninguém sabe. É preciso que ele tateie no escuro. Não faça com que ele tenha medo do escuro, nem do fracasso, e muito menos do desconhecido. Apenas lhe dê suporte. Quando ele estiver partindo numa jornada rumo ao desconhecido, permita que ele vá com todo o seu apoio, com todo o seu amor, com todas as suas bênçãos.

Não permita que ele seja afetado pelos seus próprios medos.

$\bullet\ \bullet\ \bullet$

Em geral, a inteligência de uma pessoa para de se desenvolver quando ela atinge os 14 anos, pois, nesse ponto, a biologia já atingiu o seu propósito. Aos 14 anos, a pessoa já está madura o suficiente para procriar, para se reproduzir. A partir daí, a biologia não se preocupa mais com esse indivíduo.

Essa é a razão pela qual a maioria dos seres humanos encontra-se estagnada na idade de 14 anos, ao menos em relação ao seu desenvolvimento mental. Fisicamente, as pessoas continuam se desenvolvendo até os 70, 80, 90 ou 100 anos – em algumas regiões, como no Cáucaso, elas chegam a atingir 150 ou mesmo 180 anos. Contudo, a sua idade mental permanece empacada nos 14 anos. Até hoje, é assim que tem sido.

Mas isso pode mudar. E precisa urgentemente ser mudado, pois existe um potencial infinito de crescimento para o homem. Porém, essa transformação só virá se tivermos objetivos maiores, que vão além da biologia. Se a sua vida continuar girando só em torno de coisas como sexo, filhos, família, alimentação e moradia, não há necessidade alguma de mudar; esse mínimo de inteligência que você usa hoje já basta. Agora, quando os seus interesses e objetivos se aproximam aos de alguém como Albert Einstein, aí, sim, a sua inteligência começa a se desenvolver em patamares que vão muito além do seu corpo físico.

Conta-se que, certa vez, um jornalista perguntou a Emerson[*] quantos anos ele tinha, e, muito acertadamente, ele respondeu: "Tenho 360 anos."

"Mas como assim, 360?", espantou-se o jornalista. "O senhor não aparenta ter mais do que 60."

"Perfeitamente", respondeu Emerson. "Do ponto de vista biológico, eu, de fato, tenho 60 anos. Acontece que, para dar conta de todo o trabalho que já realizei, ao menos em termos da minha inteligência, seriam necessárias seis pessoas; ou, então, que eu tivesse vivido 360 anos. A minha inteligência está muito à frente do meu corpo físico."

---

[*] Escritor, poeta e filósofo, Ralph Waldo Emerson (1803-1882) é considerado um dos principais pensadores americanos, tendo exercido enorme influência em diversas gerações de escritores e filósofos em todo o mundo. (N. do T.)

A inteligência depende daquilo que você faz com ela.

E uma pessoa que medita tem toda a possibilidade de atingir os níveis mais altos de inteligência, pois, ao meditar, ela está realizando o trabalho mais importante que um ser humano é capaz de fazer – e o trabalho é este: realizar a si mesmo, descobrir, de verdade, "quem eu sou". A maior conquista da inteligência é ser capaz de penetrar nos recantos mais profundos da sua própria subjetividade, no que há de mais interno em seu ser. Isso é algo impossível de se calcular – como no caso da inteligência de Buda, ela é imensurável, está muito além de qualquer cálculo ou medida.

Quando você medita, ao mesmo tempo que a sua meditação vai se tornando cada vez mais luminosa, a sua inteligência também cresce, e continuará se expandindo até o último instante da sua vida. Mais que isso; mesmo após o seu último suspiro, sua inteligência continuará a se desenvolver – porque o seu verdadeiro ser não morre, apenas o corpo desaparece. E o corpo não tem nada a ver com a inteligência, assim como a mente não tem relação alguma com ela.

A inteligência é uma qualidade da sua consciência – quanto mais consciência, mais inteligência.

Na verdade, se você for completamente consciente, terá uma inteligência tão vasta quanto a da própria existência.

• • •

Todo o sistema educacional precisa ser mudado radicalmente, desde as suas bases. Pois, em resumo, a educação atual só prepara as pessoas para a sua sobrevivência, e não para a vida. Nós passamos 25 anos – ou seja, quase um terço de nossa vida – aprendendo somente como garantir o nosso sustento. Mas não aprendemos nada, por exemplo, sobre como lidar com a morte; mesmo sabendo que a vida é tão curta, que dura, em média, apenas setenta anos. E a morte é a porta para a eternidade – ela requer um imenso treinamento.

Na minha opinião – e estou certo de que no futuro será assim, caso o homem sobreviva –, a educação deveria ser dividida em duas partes: inicialmente, quinze anos de aprendizado sobre como garantir a sobrevivência; então, após a pessoa completar 42 anos, mais dez anos de preparação sobre como lidar com a morte. Todas as pessoas frequentarão a universidade – claro, elas irão para diferentes universidades e estudarão nos mais variados departamentos, cada uma de acordo com a sua aptidão específica. Na primeira fase, as crianças serão educadas para a vida. E, na segunda, as pessoas que já viveram a sua vida aprenderão aquilo que ainda não sabem; elas serão educadas para o que está além da vida.

Com isso, o próprio conflito de gerações desaparecerá. As pessoas que já têm mais idade serão mais calmas, silenciosas, pacíficas e sábias; valerá a pena ouvir os seus conselhos. Só o fato de sentar ao lado delas já será uma bênção. Voltará a haver respeito e reverência pelos mais velhos. Esse é o único caminho.

Com a divisão da educação em duas etapas, enquanto os mais jovens estudam para a vida, as pessoas mais velhas estudam para a morte. Na verdade, elas aprenderão a meditar, a cantar, a dançar, a sorrir – elas aprenderão a celebrar. Elas têm que aprender a fazer da morte uma celebração; esse será o propósito da segunda etapa da educação.

Os adultos irão pintar, tocar instrumentos, fazer esculturas, escrever poemas; farão todo tipo de atividade criativa. Eles já se ocuparam em garantir o seu sustento; agora é vez de seus filhos fazerem isso. Seus filhos estudarão geografia, história e todas essas matérias entediantes – agora é a vez de eles aprenderem onde é que fica Timbuktu...

Isso era algo que eu sempre me perguntava – e devo dizer que tinha um conflito permanente com o professor de geografia –, pois não conseguia compreender:

"Mas por que cargas-d'água eu tenho que saber onde fica Timbuktu? O que isso tem a ver com a minha vida?"

"Você é realmente estranho; jamais me fizeram uma pergunta dessas", respondia meu professor.

"Pois vou lhe perguntar sempre. Veja o caso de Constantinopla, por exemplo, que soa pior ainda em híndi: Kustuntunia... De que me serve saber esse tipo de coisa? Me ensine algo que realmente valha a pena."

E o meu professor de geografia chegava a bater na própria cabeça, de tão exasperado, e me dizia: "Mas toda a geografia se resume a isto!"

No caso do professor de história era ainda pior, ele só ensinava coisas sobre as pessoas mais terríveis e monstruosas que já existiram no mundo. Ele jamais sequer mencionou a existência de seres como Bodhidharma, Zaratustra, Baal Shemtov, Lin Chi, ou Chuang-Tzu[*]. Se dependesse das aulas de história, eu nunca teria ouvido falar deles; e são pessoas assim que, ao longo dos séculos, têm sido responsáveis pela evolução da humanidade.

Por outro lado, ouvi falar bastante de gente como o guerreiro mongol Tamerlão. No seu idioma nativo, ele era chamado de Timurlang – sabe o que significa a terminação "*lang*"? Quer dizer "coxo". Claro, por respeito, ninguém o chamava de "Timur, o Coxo". Acontece que, embora tivesse apenas uma perna, esse homem causou tanta desgraça e infortúnio que poucas pessoas no mundo podem ser comparadas a ele. Um inferno que durou

---

[*] Bodhidharma foi um monge budista que viveu no século VI, sendo considerado o fundador do zen-budismo. Baal Shemtov foi um rabino polonês que, no século XVIII, fundou o hassidismo, corrente mística dentro do judaísmo. Mestre budista que viveu no século IX, Lin Chi é considerado o fundador da escola Rinzai do zen-budismo. Um dos mais importantes filósofos chineses, Chuang-Tzu (século II a.C.) é um dos principais nomes do taoismo, ao lado de Lao-Tsé. (N. do T.)

praticamente três gerações, pois seu filho foi tão perverso quanto ele, e seu neto, então, nem se fala.

A aulas de história estão repletas de personagens assim, que não foram nada mais do que assassinos e criminosos. Mas eles são chamados de imperadores, de conquistadores, como no caso de "Alexandre, o Grande". Mesmo quando foram comprovadamente desumanos e cruéis, a história ainda faz questão de repetir seus nomes, engrandecendo suas façanhas heroicas – imagine só: "Ivan, o Terrível"!

Esse tipo de ensino está fadado a criar pessoas desequilibradas e perversas. Na verdade, essas figuras funestas deveriam ser apagadas de todos os registros históricos do planeta, para que seus nomes fossem esquecidos de uma vez por todas. Em seu lugar, entrariam todos os grandes personagens que de fato contribuíram para a evolução do ser humano. Foram eles que fizeram a humanidade ser merecedora de respeito, que lhe conferiram orgulho e dignidade, foram eles que abriram as portas dos mistérios, de tudo que está mais além.

Em suma, a segunda etapa do processo educacional seria devotada ao desenvolvimento da meditação, da consciência, da observação, do amor, da compaixão, da criatividade. E, com certeza, um dos resultados será o fim do abismo que existe entre as gerações. Os mais jovens respeitarão os mais velhos espontaneamente; não por causa de alguma imposição formal, mas, sim, porque eles são pessoas dignas de respeito. Eles têm uma sabedoria que transcende o universo mental, enquanto o conhecimento dos mais jovens restringe-se apenas ao âmbito da mente.

Enquanto os jovens ainda estão pelejando para dar conta dos aspectos triviais do cotidiano, os mais velhos já conseguiram ir além das nuvens, em direção às estrelas. Assim, respeitá-los não é mais uma questão de etiqueta. Esse respeito é algo inevitável, é uma compulsão que nasce do seu próprio coração, e não um dever formal.

Durante a minha infância, o ambiente na Índia era da mais absoluta formalidade. Por exemplo, você era obrigado a se prostrar e tocar os pés de qualquer convidado que chegasse à sua casa, como uma forma de respeito. Antes de meu pai se dar conta de qual era a minha postura em relação à vida, ele costumava forçar minha cabeça para baixo, dizendo: "O convidado é Deus, você deve tocar os seus pés. Além disso, é uma pessoa mais velha da família, você tem que obedecer à tradição".

Eis que, um dia, entrou um bode barbudo na minha casa, e eu logo me abaixei para tocar as suas patas. Quando viu aquela cena, meu pai ficou indignado:

"Mas o que você está fazendo?"

"Ora, um convidado é Deus – ainda mais com uma barbicha tão bonita! Um velho bode merece respeito. Trate você também de vir até aqui e de tocar as suas patas."

"É impressionante... A sua mente funciona de uma forma absolutamente diferente da mente das outras pessoas."

"Pois é bom você compreender: de agora em diante, se eu cruzar com um cachorro idoso na rua, vou me abaixar para tocar suas patas; se topar com um jumento ancião, vou me prostrar a seus pés. Afinal, qual é a diferença entre esse velho cachorro, o jumento idoso e o seu honorável convidado? Para mim, nenhuma – são todos iguais. Na verdade, o jumento ancião tem uma aparência bem filosófica, e o velho cachorro tem um ar feroz como o de um guerreiro. Ou seja, eles até possuem algumas qualidades, ao contrário daquele sujeito carcomido para quem você me obrigou a abaixar cabeça... Da próxima vez que fizer isso, você vai se arrepender!"

"E o que você vai fazer?"

"Você verá – pois eu acredito em fazer as coisas, e não em falar sobre elas."

Então, passado algum tempo, um parente distante apareceu em nossa casa para uma visita. E, como havia se esquecido de nossa conversa, meu pai foi logo empurrando minha cabeça para baixo. Acontece que eu já tinha uma imensa agulha nas mãos, e, assim que me abaixei, enfiei a agulha no pé do ancião! Ele soltou um berro imenso, quase pulou do chão. E meu pai perguntou, todo assustado:

"Mas o que aconteceu?!"

"Eu lhe avisei, mas você não quis ouvir. Não tenho o mínimo respeito por este homem. Eu nem o conheço, nunca o vi em toda a minha vida; por que eu deveria tocar os seus pés? Eu só me prostro aos pés de alguém que eu realmente sinta ser digno de respeito."

Finalmente, meu pai compreendeu que era melhor não me obrigar a abaixar a cabeça, pois isso poderia ser perigoso – o pé do ancião, por exemplo, não parava de sangrar...

• • •

Na universidade, eu nunca me levantava quando os professores entravam na sala de aula. Como essa era uma regra na Índia, os professores imediatamente olhavam para mim – eles se esqueciam dos outros alunos, e focavam só em mim. No começo do ano letivo, eles sempre me questionavam:

"Por que você não está de pé?", perguntava o professor.

"Porque não tenho nenhum motivo para isso."

"Acho que você não está compreendendo, isso é uma norma. Você nunca se levantou ao entrar um professor numa sala de aula?"

"Não, pois não vejo nenhuma razão para isso. Estou ótimo assim."

"Mas será possível que você não consegue entender que, por uma questão de respeito, deve se levantar quando um professor entra na sala?"

"Compreendo perfeitamente. Acontece que, até agora, não pude ver nada de respeitável em você. Caso eu veja algo, aí, sim, me levantarei. Mas se lembre de uma coisa: não pode haver dois pesos e duas medidas."

"Como assim? O que você quer dizer?"

"Quero dizer que, quando eu entrar na sala, você também deve se levantar – isso, claro, se vir algo de respeitável em mim. Caso contrário, pode permanecer sentado tranquilamente, ou, se quiser, pode até dormir. Para mim, não faz a mínima diferença."

Algumas vezes, os professores até tentavam me persuadir a mudar de atitude, como nas ocasiões em que o vice-reitor passava em visita às salas de aula. Eles diziam:

"Por favor, ao menos uma vez… Não estamos pedindo que se levante para nós; porém, quando o vice-reitor entrar na sala, por favor, não crie confusão. Se fizer uma coisa dessas, esse será o único assunto na universidade."

"Não há nada que eu possa fazer, pois não consigo ir contra a minha própria vontade. Deixe que ele venha. Caso eu sinta que ele é uma pessoa respeitável, podem ter certeza de que me levantarei, não precisam se preocupar."

Acontece que, na primeira vez que o vice-reitor apareceu na sala de aula, ele estava bêbado. E eu sou de tal forma alérgico ao álcool que percebi imediatamente o seu estado. Obviamente, continuei sentado. E o professor me encarava com aquele olhar de quem dizia: "Levante-se!" Mas permaneci sentado. E continuei assim até o momento em que, finalmente, foi dito aos alunos para se sentarem – daí me levantei; e disse:

"Muito bem, agora, sim, é a hora de me levantar. Esse homem está embriagado! Não me interessa quem seja; vou denunciá-lo à polícia!"

O vice-reitor quase caiu para trás, ele ficou completamente desconcertado e apreensivo… Seu nervosismo era tanto que, na correria para deixar a sala de aula, ele acabou levando o chapéu do nosso professor por engano. E o professor ainda precisou correr atrás dele para recuperar o seu chapéu.

Quando o professor voltou, eu disse: "Viu só o que acontece quando alguém está bêbado? Aquele homem não teve coragem sequer de permanecer na sala – e você ainda queria que eu me levantasse em respeito a uma pessoa dessas?"

O fosso entre as gerações só existe porque os motivos para se ter respeito e reverência desapareceram. A não ser que as fontes do respeito sejam resgatadas, ele jamais se manifestará. Pelo contrário. O que veremos serão atitudes cada vez mais desrespeitosas. A boa notícia é que, sim, é perfeitamente possível mudarmos todo esse sistema de "deseducação".

Eu gostaria muito que os mais velhos não fossem apenas idosos, mas que também fossem sábios; que se tornassem maduros não só em termos de idade, mas também de sabedoria, de discernimento; que se desenvolvessem não só horizontalmente, mas, sobretudo, verticalmente: que não se limitassem a envelhecer, mas que se aprofundassem e, ao mesmo tempo, se elevassem às alturas de seu próprio ser.

Uma sociedade na qual os mais velhos se comportam como se fossem adolescentes não é digna de ser chamada de culta ou civilizada. As pessoas mais velhas deveriam se comportar de forma sábia, iluminada – aliás, não apenas se comportar, elas deveriam *ser* pessoas iluminadas. Elas deveriam ser uma luz para aqueles que são mais jovens e, como tais, ainda estão sob a influência de paixões de natureza biológica, de variações hormonais e outros tipos de amarras. Por já terem ido mais além, os mais velhos podem se tornar verdadeiras estrelas-guia para os que vêm atrás.

Enfim, quando a educação para a morte e a educação para a sobrevivência forem separadas, quando todas as pessoas forem duas vezes para a universidade – primeiro, para aprender a lidar com os aspectos banais do cotidiano, e, em seguida, para aprender sobre a eternidade –, o conflito entre as gerações vai desaparecer. E isso vai acontecer de uma forma sublime, maravilhosa.

O fim das nações

Uma coisa precisa ficar bem clara: se o mundo estiver realmente interessado em viver em liberdade, é essencial que a política seja definitivamente destronada, que ela perca toda a importância que mantém até os dias de hoje; não há a mínima razão para que ela detenha tanto poder em suas mãos. Os governos deveriam ter apenas uma função prática, como é o caso, por exemplo, de uma agência dos correios. Ninguém faz ideia de quem seja o gerente-geral dos correios. Se você quiser, pode até dar esses títulos pomposos aos políticos, mas não tem por que continuar levando esse pessoal tão a sério, gastando páginas e mais páginas de jornal com esse tipo de gente que, há séculos, não faz nada mais do que torturar a humanidade.

É preciso criar novas formas de expressão, novos modos de vivência da criatividade que não tenham nada a ver com a política. Por exemplo, criar pequenas comunidades, pequenas associações de pintores, poetas, escultores e bailarinos, de seres que não estejam ligados às maquinações da política, que não tenham a menor ambição pelo poder, mas que, simplesmente, queiram viver a vida com plenitude.

O ideal é que, de forma natural e gradativa, a sociedade inteira vá se organizando em pequenas comunidades de pessoas criativas. O oposto dessa organização atual em partidos políticos, que não passam de coisas decrépitas e irrelevantes. Afinal, não precisamos de nenhum partido político para fazer escolhas que podem ser feitas pela própria comunidade. Cada indivíduo deve se destacar pelo seu próprio mérito. Por exemplo, se for preciso encontrar um novo ministro da Economia, os maiores especialistas nas áreas de economia e finanças podem se candidatar ao cargo, e as pessoas escolherão o mais apto entre eles. Não é necessário nenhum partido político para isso. Deveríamos transferir o nosso foco dos partidos para os indivíduos, da democracia – e da ditadura – para a meritocracia.

O mérito deveria ser o único e decisivo parâmetro de escolha. Na verdade, há muitas pessoas de mérito no mundo – o caso é que elas jamais deveriam se misturar com a política, jamais deveriam se rebaixar a um nível desses. Pois isso é algo degradante demais para elas, ter que sair por aí mendigando votos, fazendo falsas promessas que nunca poderão cumprir... Essa é a razão pela qual somente pessoas de terceira classe, só gente muito medíocre, se afiliam a algum partido político – os demais se mantêm à margem desse universo.

A sociedade deveria ser administrada apenas pelos seus melhores membros, pelos seres mais capacitados. Há pessoas geniais em todas as áreas, mas você nunca vê uma delas se tornar presidente ou primeiro-ministro. Algo assim só vai acontecer quando não houver mais partidos políticos. Pois, nesse caso, o próprio mérito da pessoa já será mais do que suficiente, ninguém será capaz de competir com ela. As pessoas não terão que implorar aviltantemente por votos, pois serão escolhidas de forma unânime e natural.

Bom, mas apesar do cenário atual, não há razão alguma para sermos pessimistas, para nos sentirmos frustrados e deprimidos. Claro, depois da longa história de fracassos que temos presenciado, é até compreensível que exista um sentimento desses. Mas isso não vai ajudar em nada. O que precisamos é encontrar novos caminhos. Temos que descobrir por que as iniciativas do passado fracassaram e, ao mesmo tempo, criar novos métodos e estratégias. E a boa notícia é que toda a juventude do planeta encontra-se no mesmo estado de prontidão; todos os jovens, de todos os cantos do mundo, estão dispostos a transformar as velhas estruturas e a fazer as mudanças necessárias para que a humanidade, finalmente, seja livre.

A liberdade é uma necessidade espiritual tão grande, é algo tão imprescindível que, sem ela, o homem nunca poderá verdadeiramente realizar a sua humanidade. A libertação de toda sorte de dogmas, superstições e ideologias é uma coisa tão urgente e crucial que, uma vez realizada, será como se todos tivéssemos asas e pudéssemos voar livremente pelos céus.

• • •

Eu adoro as propostas anarquistas de Bakunin, embora ele não seja um filósofo muito prático e realista. Ele discorre de forma encantadora sobre as maravilhas do anarquismo, como a ausência de governos, de exércitos, de tribunais e de polícia – princípios com os quais estamos totalmente de acordo. A única questão é que ele não tinha a menor ideia de como transformar esse sonho em realidade.

Da forma como o homem é hoje, instituições como o governo e a polícia são absolutamente necessárias. Do contrário, assistiríamos a uma multiplicação indiscriminada de toda sorte de crimes, como assassinatos, estupros e roubos; a vida se tornaria um verdadeiro caos. Se abolíssemos os governos e as autoridades policiais, em vez do anarquismo, o resultado seria apenas um: o mais absoluto caos. Uma decorrência imediata, por exemplo, seria o surgimento de diversas gangues, que passariam a controlar e a explorar os cidadãos mais fracos, transformando a vida de todos em um inferno, e não em algo melhor.

Nesse sentido, o anarquismo de Bakunin é somente uma utopia, um belo sonho que nunca se realizará. No meu modo de ver, a verdadeira transformação da humanidade se dará por outros meios. Ela só virá quando conseguirmos que um número cada vez maior de pessoas se volte para a meditação; quando permitirmos que, a cada dia, elas possam viver uma vida mais autêntica e natural, sem repressões, compartilhando um profundo amor e compaixão por tudo o que vive, em total reverência pela própria vida. Essas pessoas, sim, serão legítimas revolucionárias. Mas elas não se rebelarão apenas no nível político; sua rebelião será contra todas as formas de condicionamento do passado. Elas serão, sobretudo, rebeldes religiosas, revolucionárias espirituais em busca da essência de seu próprio ser. Na verdade, existe um número cada vez maior de pessoas que são capazes de celebrar a vida, de seres que não têm a menor intenção de trair a Terra, compactuando com a forma de existência antinatural pregada pelas religiões. Quando esses indivíduos se espalharem como fogo pelo mundo, o anarquismo acabará se tornando uma realidade; mas isso será uma consequência, e não uma meta.

Para Bakunin, o anarquismo era uma meta. Ele tinha um ódio visceral aos governos estabelecidos; aliás, algo perfeitamente compreensível, tendo em vista todo o mal que causaram ao castrar a individualidade das pessoas. Bakunin era contra todo tipo de leis, juízes e tribunais, e tinha razão – pois eles não existem para proteger a justiça, os menos favorecidos ou as vítimas; ocupam-se apenas em defender os interesses do poder, das instituições e dos mais ricos. Escondidos sob um falso manto de justiça, o que eles fazem, na verdade, é tecer uma gigantesca conspiração contra o homem.

Porém, como não era psicólogo, Bakunin ignorava diversos aspectos importantes em relação ao ser humano, como os fatores que levam alguém a cometer um estupro. Ele foi unicamente um grande filósofo do anarquismo. O que não diminui o seu valor. O futuro será imensamente grato a pessoas como Bakunin, Bukharin, Tolstói e Camus, pois, embora não tenham sido pensadores muito científicos, lançaram as sementes de várias ideias essenciais. Mesmo sem providenciar os alicerces, tiveram a ousadia de falar sobre a construção do templo.

Agora, meu objetivo já é o oposto: não estou preocupado com a construção do templo, mas, sim, em providenciar bons alicerces. Se tivermos bases sólidas, não será difícil construir o templo. O anarquismo nascerá como uma consequência natural de uma sociedade livre das religiões e das superstições religiosas; de uma sociedade psicologicamente saudável, livre da repressão e da esquizofrenia; de uma sociedade espiritualmente sã, que conhece as belezas do mundo exterior e, ao mesmo tempo, as imensas riquezas da consciência e do despertar. Enquanto não houver pessoas que manifestem essas qualidades em sua vida, as propostas defendidas pelo anarquismo continuarão sendo algo inviável.

A ideia de rebeldia não é nova, mas a ideia de rebeldia combinada com iluminação é totalmente nova – esta é a minha contribuição. Se pudermos fazer com que a maioria das pessoas se torne mais desperta e consciente, com alguns seres atingindo os picos mais altos da iluminação, essa rebelião da consciência irá, naturalmente, dar origem ao anarquismo, como se este fosse uma sombra inseparável do seu dono.

• • •

É um ótimo sinal que a família tradicional esteja desaparecendo. Pois, com ela, todas as nações também irão desaparecer, já que a família é a base da nação.

É por isso que me alegro tanto ao ver que essa noção antiquada de família está sumindo, pois sei que, no seu rastro, irá se extinguir o próprio conceito de nação. A extinção da família também levará ao fim das supostas religiões, pois é justamente a família que nos impõe coisas como a religião e a nacionalidade. Uma vez que a família tenha desaparecido, quem poderá obrigar você a ser cristão ou hindu? Quem poderá insistir na ideia de que você é americano ou indiano?

Com o fim da família tradicional, assistiremos ao desaparecimento de grande parte das enfermidades psicológicas e da insanidade política. Você deveria se alegrar por isso.

Na verdade, o casamento é uma invenção contra a própria natureza. Trata-se de uma instituição obsoleta, que já torturou a humanidade por um tempo demasiado longo, mesmo admitindo que, em certa época, ela até tenha sido necessária. Mas a sua utilidade se restringia ao período em que o mundo estava dividido entre uma minoria de homens poderosos e uma grande massa de homens mais fracos. E o caso é que esses homens poderosos se apoderavam de todas as mulheres mais belas, deixando os mais fracos sem esposas e, com isso, absolutamente insatisfeitos do ponto de vista biológico. É daí que veio a necessidade de se criar o casamento – ele é uma invenção dos homens mais fracos. Em algum momento, os mais fracos devem ter se reunido e tomado essa decisão em conjunto – afinal, quando os fracos se unem, o forte deixa de ser o mais poderoso; ele só consegue ser mais forte do que outro homem sozinho, mas não que toda a massa de fracos reunida.

Assim, os mais fracos se reuniram e decidiram: "A partir de agora, cada homem terá direito a apenas uma mulher" – pois essa proporção já garantiria que todos pudessem ter filhos. Ou seja, a instituição do casamento foi algo imposto pelos mais fracos aos mais poderosos; caso contrário, os mais fortes continuariam indefinidamente se apoderando de todas as mulheres mais belas e levando-as para os seus haréns, enquanto os mais fracos seguiriam padecendo de toda sorte de carência e privação sexual. Uma situação que, obviamente, não era nada satisfatória para os mais fracos. Com isso, então, surgiu a família monogâmica – ela foi um auxílio importantíssimo para resolver o quadro de privação sexual em que viviam os mais fracos.

Acontece que, nos dias de hoje, a família já não é mais necessária; ela não passa de um embuste, de uma farsa. Atualmente, tanto o homem como a mulher podem ser autossuficientes financeiramente, eles não dependem mais um do outro para sobreviver. Além disso, agora uma mulher pode escolher se quer ser mãe ou não. Ela também pode contratar outra mulher como "mãe de aluguel" ou, ainda, ter um bebê de proveta. O sexo e a procriação já não estão mais vinculados. As pessoas podem ter uma vida sexual ativa sem que, necessariamente, tenham que ter filhos por conta disso. Nesse contexto, a família tornou-se algo absolutamente ultrapassado.

Ao contrário da instituição familiar, o futuro pertence às comunas. Uma comuna é um grupo de indivíduos independentes que vivem juntos, mas não estão vinculados entre si segundo os velhos moldes de família, tribo, religião, nação ou raça – nada disso. O único vínculo entre as pessoas é este: todas elas são independentes. Ao mesmo tempo que respeitam a sua independência, elas esperam que você respeite a independência delas. A base de todas as relações e de todas as amizades, assim como a força que mantém a comuna unida, reside num único ponto: o respeito mútuo pela independência e pela individualidade de cada um. O modo de ser e o estilo de vida de cada pessoa são totalmente aceitos e respeitados.

A única condição é que ninguém está autorizado a interferir na vida de ninguém, seja de que forma for.

Enfim, é realmente um ótimo sinal que todo esse passado caduco esteja desaparecendo, pois isso nos dará liberdade para criar um novo homem, uma nova humanidade, um novo mundo.

$$\bullet \ \bullet \ \bullet$$

A melhor forma de governo é a ausência de governo.

A simples ideia de uma pessoa ser governada por outra já é algo desumano.

O governo nada mais é do que um jogo – o jogo mais sujo e mais infame que há no mundo. Porém, existem alguns seres que se encontram num estágio tão baixo de consciência que adoram esse jogo: são os políticos. A única alegria de um político consiste em estar no poder, em governar e escravizar as outras pessoas.

O maior anseio de todos aqueles que já conseguiram alcançar estágios mais elevados de consciência é de que, um dia, possamos nos livrar de todos os governos. Esse dia será o mais glorioso em toda a história da humanidade – seja no passado, no presente ou no futuro –, pois a extinção de todos os governos corresponde à destruição definitiva do mais infame dos jogos, uma verdadeira aberração com a qual os políticos vêm se entretendo há séculos e mais séculos.

Eles transformaram os homens em míseras pecinhas de xadrez, incutindo em nossa mente um imenso pavor de que, sem o governo, haveria apenas anarquia, desordem e caos, que tudo seria destruído. E o mais estranho é que, ainda hoje, continuamos acreditando nessa bobagem.

Basta dar uma olhada nos últimos 5.000 anos. Você, por acaso, consegue imaginar de que forma as coisas poderiam ter sido piores se não houvesse governos no mundo? Em que medida teriam sido piores? Por exemplo, em 3.000 anos, tivemos mais de 5.000 guerras no planeta. Você acha que, com a ausência de governos, o mundo teria sido fustigado por um número ainda maior de guerras? Que teria havido mais caos e mais crimes do que já houve?

Pense bem, o que os governos fizeram durante todo esse tempo? Eles não fizeram nada mais pelas pessoas do que explorá-las, do que cultivar o seu medo e colocá-las umas contra as outras. Na verdade, para que os políticos possam existir, é uma necessidade quase absoluta que haja sempre uma guerra acontecendo em alguma parte do mundo.

Quando digo que a melhor forma de governo é a ausência de governo, sei que, muito provavelmente, isso nunca vai se tornar uma realidade. De qualquer forma, mesmo que sejam impossíveis, é sempre bom sonhar com coisas que nos conduzam a um estado mais elevado de consciência, de amor e de beleza. Se essas ideias conseguirem sobreviver, quem sabe um dia nos aproximemos da sua realização. Na realidade, pode ser que nunca sejamos capazes de realizar esse sonho na sua totalidade – por isso, insisto na ideia de que o cenário mais próximo ao da inexistência de governos é o de um governo único, e isso já não é tão impossível. Então, partindo da existência de um governo único, teremos a possibilidade real de chegar à ausência de governos.

Tente compreender. Se tivermos um governo único, instantaneamente o jogo da política perde muito do seu sabor. Enquanto houver essa profusão de presidentes, de primeiros-ministros, de reis e de rainhas no mundo, cada um deles tentando provar que é o maior de todos, o jogo político continuará despertando interesse. Agora, tão logo tenhamos um governo único, ele se tornará apenas uma instituição de caráter prático, imune às dinâmicas de disputa de poder.

Toda a excitação do jogo político reside na figura do "inimigo". Se não existisse um inimigo com quem disputar o poder, o trabalho do governo seria semelhante ao que é realizado pela Cruz Vermelha, pelos correios, pela companhia ferroviária ou pelas companhias aéreas. Você tem ideia de quem seja o presidente da companhia ferroviária? Claro que não, pois não há necessidade alguma disso; ele é só o dirigente operacional de uma empresa.

Quando existir um único governo, ele poderá funcionar nos moldes de um clube do Rotary. Nada justifica que um presidente permaneça no cargo por quatro ou cinco anos. Algumas semanas já seriam mais do que o suficiente; após quatro semanas no posto, a pessoa seria substituída por outra, sem problema algum. Com isso, todas as regiões do mundo seriam representadas, com pessoas de cada canto do planeta ocupando o cargo de presidente. Só que, no momento em que todos soubessem quem é o novo presidente, ele já teria sido substituído por outro. Com esse tipo de rotatividade, as pessoas simplesmente perderiam o interesse nessa disputa doentia pelo poder.

A existência de um governo único levaria ao desaparecimento das nações.

O que seria ótimo, pois a própria ideia de nação é algo sem nenhuma validade; a existência de países nada mais é do que uma calamidade, uma desgraça.

Por exemplo, enquanto as pessoas morrem de fome em países pobres como a Etiópia, na Europa as pessoas jogam toneladas de comida no mar. Por quê? Porque elas têm tamanha quantidade de alimentos disponível que, se mantiverem os estoques sempre cheios, o preço dos produtos começará a despencar, já que a oferta será maior que a demanda. Com isso, elas desperdiçam toneladas de comida para baixar os estoques e, assim, manter o preço de mercado. A quantidade de alimentos desperdiçados é tão grande que só os custos operacionais para jogá-los no mar ficam na casa das centenas de milhares de dólares.

Sim, nós vivemos num mundo completamente insano. Imagine só, a Etiópia é tão próxima da Europa que, com a mesma quantia gasta para se jogar a comida fora, todo esse alimento poderia ter sido enviado para a Etiópia. E não estamos falando de pouca coisa, não: trata-se de milhões de toneladas de comida.

Dá para acreditar até onde vai o grau de desumanidade dos seres humanos? Milhares de pessoas estão simplesmente morrendo por não ter o que comer em seus países, milhares morrem de sede por não ter água potável para beber... e, enquanto isso, o que as pessoas fazem em outras partes do mundo? Elas jogam toneladas e toneladas de alimentos no mar!

É esse o tipo de obra realizada pelas nações.

O poder da consciência

Todas as complicações em nossa vida são criadas por nossa inconsciência; a partir do momento em que você se torna consciente, elas desaparecem. Mas não é o poder da consciência que faz com que elas sumam – elas simplesmente deixam de ser alimentadas pelo poder da inconsciência, que é quem as cria.

Toda a confusão que existe na vida, no amor e nos relacionamentos é criada por nossa inconsciência. Nós seguimos pela vida sem saber o que estamos fazendo e, no momento em que tomamos consciência, já é tarde demais. O que foi feito não pode mais ser desfeito. A nossa inconsciência é uma grande aliada do ego – na verdade, um só consegue existir por causa do outro. Nesse sentido, o despertar da consciência não só faz com que as confusões se dissipem como também faz com que o nosso ego evapore. A atuação inconsciente do ego é um fenômeno bastante complexo, cheio de ramificações.

As pessoas fazem várias coisas de forma inconsciente. No entanto, sempre que você percebe que fez algo de ruim, que gerou dor e tristeza a si mesmo ou aos outros, você acaba recuperando a sua consciência. O problema é que, apesar de tomar consciência, você não é capaz de desfazer o mal que fez, pois o ego imediatamente se intromete. Você não consegue sequer dizer "Eu sinto muito". Um simples e sincero pedido de desculpas poderia dispersar toda a confusão, mas o ego não permite nem isso. Na realidade, você não passa de uma vítima de todo esse emaranhado do ego – não é você quem faz as coisas; é a sua inconsciência, a sua falta de discernimento que o obrigam a fazer aquilo que faz.

Quando a sua consciência se ilumina, naturalmente você passa a enxergar toda a confusão em sua vida com outros olhos: você percebe como, na verdade, foi você mesmo quem criou a sua própria tristeza, angústia e sofrimento. E o simples ato de ver com clareza já é o bastante para que toda a confusão se dissolva.

Um homem consciente jamais cria qualquer tipo de confusão, para si ou para os outros. Ele vive muito mais intensamente do que os demais, mas a sua vida segue sem complicações, pelo simples fato de que, quando você está consciente, é impossível criar confusão.

Veja só esta pequena anedota. Duas amigas haviam se encontrado numa casa de chá, onde conversavam e saboreavam dois *sundaes* enormes acompanhados de biscoitinhos. Como não se viam desde os tempos de escola, tinham várias novidades para colocar em dia; porém, uma delas não fazia nada mais do que se gabar das vantagens do seu casamento:

"Meu marido sempre me compra novas joias e diamantes quando os que eu tenho ficam sujos. Jamais precisei sequer me preocupar em ter que limpá-los."

"Fantástico", respondeu a amiga.

"Sim, é maravilhoso. Além disso, a cada dois meses nós trocamos de carro."

"Fantástico."

"E a nossa casa... Bem, não tem nem como descrever, ela é simplesmente..."

"Fantástica", concluiu a amiga.

"Exatamente! Mas e você, o que tem feito ultimamente?"

"Eu tenho frequentado um curso de boas maneiras."

"Um curso de boas maneiras? Nossa, que coisa inusitada. E o que vocês aprendem por lá?"

"Bem, nós aprendemos, por exemplo, a dizer 'Fantástico', em vez de 'Que idiotice'."

Na dimensão da inconsciência, todas as coisas são exatamente assim: uma idiotice. Agora, quando você se torna consciente, tudo fica *realmente* fantástico; os problemas e as complicações desaparecem.

Buda costumava dizer que, quando uma residência está iluminada e todos que passam na rua podem ver que o mestre da casa está acordado, os ladrões não ousam se aproximar. Só quando as luzes estão apagadas é que os ladrões se aproximam para conferir se o mestre está dormindo e, assim, invadir o local. Buda usava essa metáfora para falar da consciência. Para ele, os ladrões são coisas como a luxúria, a avareza, o desejo de poder, a ânsia de ter *status*, de ter prestígio. Esses ladrões só vêm até você quando percebem que não existe nenhuma luz em seu interior, quando veem que, dentro de você, tudo está às escuras.

Assim que você começa a irradiar a luz da sua consciência, esses intrusos não ousam nem chegar perto. A consciência tem o seu próprio poder. Na simples presença da consciência, toda confusão desaparece. Com um detalhe: o poder da consciência não é usado para dissipar os problemas e as complicações, mas, sim, para trazer felicidade e bem-aventurança. É um poder que nos preenche de paz, de silêncio, de uma sensação de acolhimento e tranquilidade, que nos traz um êxtase imenso, como se estivéssemos num estado de divina embriaguez.

Pela primeira vez, nossa vida ganha uma orientação própria; não precisamos implorar mais nada a ninguém. Na verdade, ninguém além de você mesmo pode lhe trazer bem-aventurança, ninguém pode lhe proporcionar o verdadeiro êxtase. Ninguém pode lhe dar a sensação da imortalidade e da alegria bailarina que a acompanha. Ninguém pode lhe proporcionar o silêncio verdadeiro, que se transforma numa cantiga em seu coração.

Afinal, o que as outras pessoas poderiam lhe dar? Ao despertar o poder de sua consciência, a situação é justamente o contrário: você é quem se torna capaz de compartilhar tudo aquilo que recebeu. Pela primeira vez, você realmente pode doar algo de si para os outros. As pessoas vivem mergulhadas na escuridão, nunca viram sequer um facho de luz. Elas não fazem a menor ideia do que seja um ser consciente; não têm a mínima compreensão de quão grande é o poder da consciência, de quantas flores se derramam sobre você, de quantas fragrâncias emanam de seu próprio ser quando você está consciente.

Nesse caso, você pode compartilhar tudo isso com as pessoas, pode lhes dar um gostinho do que experimentou e lhes mostrar uma direção, de modo que também consigam despertar esse mesmo poder que se encontra adormecido dentro delas.

Um ser consciente e desperto pode ajudar milhões de pessoas a se aproximarem da fonte da alegria, da vida autêntica e verdadeira, do puro amor que não conhece o ódio ou o ciúme, que não tem nada a ver com o corpo ou a biologia – do amor que é a mais pura comunhão espiritual, que nasce de um sentimento profundo de compaixão pelo seu próprio ser interior.

Sim, o poder da consciência pode lhe trazer inúmeras coisas, ele é uma fonte inesgotável de tesouros. Agora, quanto a todos os problemas e complicações que foram criados pela sua inconsciência, não é preciso a intervenção de nenhum poder – a simples presença da sua consciência já é suficiente para dissipá-los.

• • •

Todas as pessoas nascem iluminadas. Todos os seres nascem absolutamente inocentes, puros e com a mente vazia. No entanto, toda essa pureza, inocência e vazio acabam inevitavelmente se perdendo, pois existem apenas no nível inconsciente. Assim, o nosso trabalho é resgatar esse estado original de iluminação, é reconquistá-lo de forma consciente. Essa é a única diferença entre uma pessoa comum e um ser iluminado.

Uma pessoa comum nasce com o mesmo potencial que um ser iluminado, ela carrega esse potencial de forma latente ao longo de toda a vida, mas a grande questão é que ela não o reivindica. Por sua vez, uma pessoa iluminada também perdeu o seu potencial original, mas conseguiu reivindicá-lo de volta. Enquanto uma pessoa comum vive num estado de "paraíso perdido", um ser iluminado vive num estado de "paraíso recuperado". Agora, lembre-se bem disto: você pode resgatar esse estado original a qualquer momento, só depende de você. Ninguém pode impedir que você se ilumine.

A iluminação não é uma questão de talento. Por exemplo, nem todos somos músicos, e nem todos conseguiríamos sê-lo, pois isso é uma questão de talento. Poucos conseguem, de fato, ser músicos, e aqueles que verdadeiramente são músicos já nascem com esse dom. Você pode até aprender a técnica e, de tanto ensaiar e praticar, um dia acabará conseguindo tocar um instrumento. Mas isso não vai fazer de você um músico. Você será apenas um técnico; alguém que sabe tocar um instrumento, mas que, no fundo, não tem uma inspiração legítima, não está realmente em sintonia com a musicalidade da existência; a música não flui através de você com naturalidade, com espontaneidade.

Da mesma forma, nem todo mundo pode ser um poeta, um cientista ou um matemático – tudo isso depende de talento. Agora, a iluminação não tem nada a ver com os dons e os talentos de cada um. Todas as pessoas são potencialmente iluminadas; basta estar vivo. A única exigência, o único pré-requisito para a iluminação é você estar vivo. Enquanto não estiver morto, você tem todas as possibilidades de se iluminar. Claro, se você morrer, terá que esperar pela próxima oportunidade; mas certamente você ainda não chegou nesse estágio. As pessoas estão 99 por cento mortas, isso é um fato; porém, até mesmo esse 1 por cento de vida já é o suficiente para alguém se iluminar. Por menor que seja, esse pequeno foguinho pode ser atiçado e alimentado, para que se torne um imenso fogaréu em seu interior.

A diferença entre um ser iluminado e uma pessoa comum não reside no talento. Isso é algo importantíssimo de ser lembrado, pois muita gente ainda acredita que a iluminação é uma questão de talento: "Jesus e Buda, sim, eram pessoas talentosas, tinham inúmeros dons. Não somos tão talentosos assim; como é que *nós* poderíamos nos iluminar?" Pois saiba que não é nada disso; não se trata de uma questão de talento. De fato, você não pode se tornar um Michelangelo ou um Shakespeare, a menos que já nasça com os seus respectivos dons – mas você pode, sim, se tornar um Cristo ou um Buda.

Qualquer pessoa pode atingir a iluminação, isso é um direito de nascença – mas você tem que reivindicar esse direito. E esse é um esforço que precisa ser feito de forma consciente. Você só perdeu o seu estado natural de iluminação por causa da sua inconsciência. Caso permaneça inconsciente, a diferença entre você e um ser iluminado também vai permanecer; a única distinção entre vocês está no nível de inconsciência.

Buda era um ser tão comum quanto você, só que a sua existência comum era impregnada de consciência. Graças à sua consciência, tudo aquilo que era comum, nele se tornava luminoso. Lembre-se bem disto: Buda levava uma vida tão cotidiana e normal quanto a sua. Pois esta é outra mistificação enraizada na mente das pessoas: que um Buda tem que ser alguém extraordinário, que um Jesus tem que ser alguém capaz de caminhar sobre as águas. Se você não consegue caminhar sobre as águas, como então poderia ser como Jesus? Da mesma forma, para ser como Buda, a pessoa já teria que ser alguém especial desde a mais tenra idade, ou mesmo antes de nascer.

As lendas em torno da vida de Buda contam que, antes do seu nascimento, sua mãe teve vários sonhos bastante simbólicos. E esses sonhos são imprescindíveis na história toda. Pois, segundo se conta, se a sua mãe não tivesse tido esses sonhos antes do nascimento da criança, aquele ser nunca poderia ter se tornado um

Buda. Imagine só, associar a iluminação de Buda aos sonhos de sua mãe – isso é pura estupidez! É um disparate tão grande que não dá nem para imaginar uma ideia mais absurda. Os mitos jainistas também trazem relatos de sonhos celestiais. Antes de Mahavira nascer, sua mãe teria tido alguns sonhos extraordinários. Mas o mais importante de todos foi quando ela sonhou com um elefante branco – um sonho como esse era imprescindível na história toda. Pois, para os jainistas, o nascimento de todos os *tirthankaras* – os seres iluminados do jainismo – deve ser precedido de um sonho de sua mãe com um elefante branco; mais precisamente, de um sonho em que ela fosse parir um elefante branco!

No caso de Buda, as lendas fazem referência a vários sonhos, a uma série deles. Sim, só que tudo isso não passa de ficção, de histórias criadas posteriormente pelos seus seguidores. Segundo uma outra lenda, por exemplo, a mãe de um Buda tem que morrer imediatamente após dar à luz. Afinal, como ela poderia sobreviver a um fenômeno tão grandioso? Na verdade, é um evento tão extraordinário, tão miraculoso, que consegue suplantar a própria morte – pois a mãe de Buda simplesmente desaparece após o parto. No caso de Mahavira e de Jesus, as mães até continuaram a viver, já que os seus seguidores não tiveram esse tipo de ideia estapafúrdia por lá. Mas, claro, eles também tiveram suas ideias mirabolantes; por exemplo: que Jesus nasceu de uma mãe virgem.

Agora, imagine a que ponto absurdo, a que extremo de insanidade as pessoas estão dispostas a chegar, só para convencê-lo de uma única ideia: que Jesus foi um ser especial, extraordinário, enquanto você não passa de uma pessoa comum. Afinal, onde você poderia arranjar uma mãe virgem? Resultado: você já perdeu a sua chance! Da próxima vez, quem sabe você consiga encontrar uma mãe virgem – bom, só não se esqueça de que, a menos que faça uma conspiração com o Espírito Santo, isso será impossível. Além disso, lembre-se de que será preciso a vinda de três reis magos guiados por uma estrela até o lugar do seu nascimento... Pois é, acontece que as estrelas não saem por aí guiando as pessoas, nenhuma estrela consegue fazer isso. As estrelas têm rotas definidas; elas não têm como se desviar do seu rumo para conduzir três reis do Oriente até o local exato do nascimento de Jesus, um pequeno estábulo perdido no meio do nada. As estrelas não podem fazer isso; é impossível.

Todas essas histórias foram criadas com um único propósito: fazer você acreditar piamente que é uma pessoa comum, e que apenas seres como Jesus e Buda são especiais.

Pois o meu único propósito aqui é lhe mostrar que, se eles são especiais, você também é; se você é uma pessoa comum, eles também são. Uma coisa é certa: vocês não pertencem a espécies distintas, vocês pertencem à mesma categoria de seres.

Lembre-se disto: o grande milagre não é caminhar sobre as águas, ou sair por aí caminhando sobre o fogo – o grande milagre é despertar. Esse, sim, é o único e verdadeiro milagre. O resto não passa de bobagem.

Desperte... e você será um Buda! Desperte... e você se iluminará! Lembrando que, ao despertar, você não vai se tornar um ser completamente diferente do que é hoje; você continuará sendo a mesma pessoa, só que estará iluminado. Por exemplo, você irá comer da mesma forma que sempre fez, mas já não será a mesma coisa, haverá uma diferença intrínseca no seu modo de comer. Você continuará vivendo como sempre viveu, só que nada será como antes, pois *você* já não será o mesmo, *você* será um novo ser. Você trará um novo olhar para a vida, dará um toque distinto e original a todas as coisas, como se tudo aquilo em que tocasse se transformasse em ouro, fazendo com que tudo ganhe significado. As coisas que, antes, eram insignificantes e sem sentido passarão a ter todo o sentido e significado. Sim, já está mais do que na hora de você despertar!

Nenhum mestre pode obrigá-lo a despertar. O mestre pode apenas criar as condições favoráveis para desencadear esse processo em seu ser. E, nesse sentido, *qualquer* situação é válida. Lao-Tsé atingiu a iluminação simplesmente ao contemplar uma folha seca que caía de uma árvore. Quando a folha se desprendeu do galho e foi caindo em direção ao solo, ele se iluminou. Agora, o que se passou com ele? Na verdade, vendo aquela folhinha seca ser levada ao sabor do vento, sem ideias próprias, totalmente entregue, relaxada, Lao-Tsé teve um vislumbre, uma revelação. É provável que ele também estivesse num estado de grande entrega e sensibilidade, pois, naquele exato momento, ele mesmo se tornou uma folha seca a rodopiar ao vento. Ele se desprendeu de seu ego, de seus apegos, de todas as ideias acerca de quem deveria ser ou não. Desligou-se da sua própria mente e apenas se entregou. E foi assim que Lao-Tsé se iluminou.

Qualquer evento pode disparar o processo da iluminação. Ninguém consegue prever quando ele irá ocorrer nem que tipo de situação poderá desencadeá-lo. É algo que sempre acontece de forma misteriosa, não é um fenômeno científico. Não se trata de uma questão de causa e efeito; se fosse assim, tudo seria bem mais fácil e previsível. Por exemplo, você aquece a água até 100 graus Celsius e, pronto, ela se transforma em vapor – não tem mistério. No caso do despertar, as coisas são bem diferentes. Algumas pessoas evaporam a 0 grau, outras a 100 graus, e existem as que evaporam a 1.000 graus Celsius. As pessoas não são feitas de matéria; elas são feitas de consciência, de liberdade. Por isso, ninguém sabe dizer o que pode desencadear o processo do despertar. Nem mesmo um grande mestre pode dizer que isto ou aquilo vai disparar o processo. O mestre pode apenas disponibilizar todos os tipos de ferramentas e, então, aguardar pacientemente, com amor, com compaixão, em oração, enquanto você experimenta, por si mesmo, todas essas ferramentas.

Uma simples palavra pode desencadear o processo... ou basta um pequeno momento de silêncio... e, pronto, subitamente o sono se vai, as ilusões desaparecem. Você renasce espiritualmente – é como um segundo nascimento. Você se torna uma criança de novo. É isso que significa ser um Buda; isso é a iluminação.

Alguém poderia perguntar: "Mas realmente não existe nenhuma diferença entre uma pessoa comum e uma pessoa iluminada?" No sentido de que ambas pertencem ao mesmo universo da consciência, não há distinção alguma. O caso é que uma pessoa está adormecida e a outra está desperta – a única diferença é essa. Porém, essa diferença é apenas periférica, superficial, não é algo central e inerente ao ser.

Respeite todos os Budas, e isso irá ensiná-lo a respeitar a si mesmo. Respeite todos os Budas, honre todos os seres iluminados, mas não censure e condene a si mesmo. Ame a si mesmo, verdadeiramente, pois você também carrega um Buda dentro de si. Você também traz em seu interior uma semente que, um dia, irá se tornar um Buda. Isso pode acontecer em qualquer dia, a qualquer momento... e, quem sabe, pode ser aqui, pode ser agora...

Sobre o tradutor

Nascido em Belo Horizonte (MG), Lauro Henriques Jr. vive em São Paulo (SP). Como jornalista, trabalhou em alguns dos principais veículos do país, tendo sido editor do *Almanaque Abril* e da *Revista das Religiões*. Também já publicou diversos livros, entre eles a série *Palavras de Poder* (Alaúde) e o livro infantil *O segredo do Anel* (Tordesilhinhas). Para saber mais sobre ele, acesse: www.palavrasdepoder.com.br

Osho International Meditation Resort

Localização
Localizado na cidade de Pune, na Índia, a aproximadamente 160 quilômetros a sudeste de Mumbai, o Osho International Meditation Resort é um destino de férias diferenciado que se estende por mais de 40 acres em um arborizado bairro residencial.

Meditação
Uma programação diária e personalizada de meditações inclui tanto métodos tradicionais como revolucionários e especialmente o Osho Active Meditations™. As meditações acontecem no que talvez seja a maior sala de meditação do mundo, o Osho Auditorium.

Osho Multiversity
Sessões individuais, cursos e *workshops* que abordam temas diversos, como artes criativas, tratamentos holísticos da saúde, processos de transformação pessoal, mudança de vida e de relacionamento, transformação da meditação em um estilo de vida, ciências esotéricas e abordagem do zen nos esportes e no lazer. O segredo do sucesso do Osho Multiversity está no fato de que todos os programas são acompanhados de meditação, reforçando o entendimento de que os seres humanos são mais do que apenas a soma das partes.

Osho Basho Spa

O luxuoso Basho Spa possui uma piscina exterior cercada por árvores da floresta tropical. Todas as instalações – a *jacuzzi* espaçosa e singular, as saunas, a academia, as quadras de tênis – são complementadas pela belíssima paisagem dos arredores.

Cozinha

Diferentes áreas destinadas às refeições servem deliciosos pratos vegetarianos das culinárias ocidental, asiática e indiana – a maioria dos alimentos é cultivada de maneira orgânica especialmente para o *resort*. Pães e bolos são confeccionados na padaria do *resort*.

Programação noturna

É possível escolher entre diversos eventos – e dançar está no topo da lista! Há também sessões de meditação sob as estrelas, *shows* de variedades, *performances* musicais e meditações para o dia a dia. Pode-se também desfrutar da companhia das pessoas no Plaza Café ou da serenidade dos belíssimos jardins em uma caminhada noturna.

Serviços

É possível comprar todos os produtos de higiene básica na galeria. O Osho Multimedia Gallery oferece uma grande variedade de produtos do Osho. Há também um banco, uma agência de viagens e um *cyber* café. Para os que gostam de fazer compras, Pune tem diversas opções de lojas, que oferecem produtos tradicionais indianos e de grandes marcas internacionais.

Acomodações

Pode-se ficar nas elegantes acomodações do Osho Guesthouse ou, para estadias mais longas, contratar os pacotes de acomodação Osho Living-In. Também há uma grande variedade de hotéis e *flats* nos arredores do *resort*.

www.osho.com/meditationresort
www.osho.com/guesthouse
www.osho.com/livingin

Para mais informações, visite:

www.osho.com

Esse amplo *website* disponível em vários idiomas disponibiliza a revista e outros produtos que difundem as ideias de Osho: os livros, as palestras – em formato de áudio ou vídeo –, o arquivo de textos de Osho em inglês e hindu, e extenso arquivo de informações sobre o seu método de meditação. Também estão disponíveis a programação de cursos do Osho Multiversity e outras informações sobre o Osho International Meditation Resort.

Sites:
http://Osho.com/AllAboutOsho
http://Osho.com/Resort
http://Osho.com/Shop
http://www.youtube.com/oshoInternational
http://www.Twitter.com/Osho
http://www.facebook.com/Osho.International

Para entrar em contato com a Osho International Foundation visite www.osho.com/oshointernational ou escreva para oshointernational@oshointernational.com

Acesse o QR Code para conhecer outros livros do autor.

Compartilhe a sua opinião sobre este livro usando a hashtag
#VivendoPerigosamente
#Osho
nas nossas redes sociais:

 /EditoraAlaude
/AlaudeEditora